ESPACES DE RENCONTRES

Poèmes - Nouvelles

-

Audrey Pavlovic

« C'est alors qu'apparut le renard:

- Bonjour, dit le renard.

- Bonjour, répondit poliment le petit prince, qui se retourna mais ne vit rien.

- Je suis là, dit la voix, sous le pommier.

- Qui es-tu ? dit le petit prince. Tu es bien joli...

- Je suis un renard, dit le renard.

- Viens jouer avec moi, lui proposa le petit prince. Je suis tellement triste...

- Je ne puis pas jouer avec toi, dit le renard. Je ne suis pas apprivoisé.

- Ah! pardon, fit le petit prince.

Mais, après réflexion, il ajouta:

- Qu'est-ce que signifie "apprivoiser" ? »

Le Petit Prince, Antoine de Saint-Exupéry, chapitre 21

« La lumière se communique de proche en proche ; [...] la véritable science amène nécessairement la tolérance. »

Lettre à Madame d'Epinai, Voltaire

And of course, it is a story about loves.

CONTENTS

SIGNE

Se sourire, de loin. Sans rien se connaître. Signe à l'insu de tous.

Au milieu de la foule absente, au cours d'une heure incolore, combinaison soudaine de deux solitudes.

L'impression juste de se comprendre. Choc du miroir improvisé. Tellement seuls, au milieu de tous, si loin, si proches. Tout est dit. Miracle de la communication évidente. Instantanée. Compris.

Et même si ce n'est qu'un mirage d'un instant, je ne crois pas qu'on se soit menti. Chacun a reconnu sa réaction chez l'autre. Rencontre des signes, et au revoir, rideau de cils. Têtes détournées, teintées de la fulgurance complice.

C'est rien de plus. L'impression d'être ensemble, de concert, acte frère. Fort. Troublant.

Paraître dans la transparence de la spontanéité. Se sentir dévoilé, au moment inattendu. Et au même instant surprendre l'autre animé par le même mouvement, transpercé le temps d'une respiration.

Déchirer l'espace indistinct pour ressentir l'infini

abîme des regards fichés, vrillés, rivés. Complices sidérés. Contact !...

Est-ce qu'on peut encore se parler après ça ? Mieux vaut laisser de côté les mots, qu'on emprunte, trop souvent. Qui parlent d'autres langues.

Et même si ce n'est que le mirage d'un instant. Même si on n'a rien de plus en commun ; même si ça ne veut pas dire grand-chose. Juste un claquement des doigts, vécu sur le même rythme, posé sur le même temps, l'espace d'une seconde, et la conscience double partageant ça. Ça a existé. Les voiles reviennent si vite... Et on n'aura rien de plus à se dire ; frémissement d'éternité.

Se détourner, abasourdi, un flash au cœur, qui cligne un sourire à la surface. Puis se remettre en quête d'autres, pour se perdre en eux, rien qu'un instant. Instant à nous, à toi, à moi, saisissement de l'instant. Et se remettre à la vie, plus chère d'un regard. Le garderai. Quand même on se sera oublié : la sensation, toujours présente, empreinte de toi. Souvenir vivace. Transparence des signes.

Une question malgré tout : est-ce que ça a existé pareil pour toi ? A-t-on vu pareil, vraiment ?
T'en rappelleras, toi ?

REMERCIEMENTS

Un regard, par écran interposé
Qui fait revenir le passé, lointain,
Mais encore un peu présent chaleureusement.

Une scène, des remerciements, à Cannes, ou autre cérémonie un peu endimanchée et officielle ; il la voit, elle a vieilli. Ce n'est pas vraiment celle qu'il a connue : c'est elle et c'est tellement loin d'elle. De celle qu'il a connue, il y a longtemps, si longtemps. Une autre vie, presque. Presque seulement. Elle est devenue, elle est changée, et au fond, elle n'a jamais autant été elle : celle qu'on voyait, qu'on dépistait, débusquait, qu'on apercevait briller dans un élan d'inattention, en flagrant délit d'authenticité. Elle est vraiment plus, et tellement moins que celle d'alors.

Un peu épurée, un peu affirmée, le flou des incertitudes a passé, la voie s'est faite claire. Elle avait dit, « si un jour j'y arrive.. » dans un rire d'adolescence, éclat d'ironie, qui renie son idéal, tout en y croyant. Qui l'enterre en y croyant plus fort, plus profondément, plus obscurément.

La distance n'abolit pas. Des années.

Des années. Alors elle est arrivée, là. Combien de

luttes, de larmes, de doutes ? Elle dit merci et puis, un trouble, elle regarde la caméra du coin de l'œil poudré par la cendre des ans, et sa voix sûre dit : « A nos jeunes années à l'ombre des collines de Balbec. ». Et elle ne saura pas qu'à des milliers de kilomètres, alors que la nuit règne sur la campagne, un cœur sourit sur un canapé à la lueur blafarde d'un poste de télévision.

Et passe le temps, et se détournent les regards, et s'abaissent les cils fardés face aux flashs qui aveuglent. Un pan de la robe qui retombe, retombe la pénombre du silence.

Complicité ? Evanescence.

Passé qui remonte dans les volutes des souvenirs, sans mélancolie, juste la lucidité de la distance, du temps, des années qui se décantent. Fraternité plus forte que le temps et l'absence, nourrie d'absence et forte d'absence.

Avec un sourire silencieux, une tendresse pour ces années d'innocence et d'absolu, quand on n'était pas encore grands, il éteint la tv.

« Pourquoi tu souris ? » Il ne répond pas. Il n'y a rien à répondre, juste la plénitude dans son cœur, qui transparaît discrètement à la surface, la résonance du passé qui met à jour la distance parcourue, depuis : les ronces et les blizzards, les quêtes silencieuses, les pertes du sens, les égarements, les labyrinthes, les peurs sans nom. Le temps qui passe, qui vous fait et vous défait. Ces liens qu'on tisse, qui vous attachent, qu'on rompt, parfois qu'on renoue, liens qui jalonnent l'existence, fugaces mais parfois fidèles à l'épreuve du temps et des tempéraments, qui se relâchent d'eux-mêmes, qu'on oublie avec indulgence, parce que la vie, cette vie qui vous entraîne un peu plus loin, pour aller vivre ailleurs, autre chose, avec d'autres, en d'autres lieux. Pour devenir, quelque chose qu'on ignore encore, mais qui vous pousse, toujours plus loin, vers la suite. Tout ce temps qui vous porte vers vous, vers qui vous serez, mais que vous ne savez pas encore.

Il se souvient les errances, les hésitations, les malentendus, les questionnements, les doutes, les peurs au seuil de la vie, les recherches, les longues veilles au seuil de la nuit, les attentes, les désillusions aussitôt remplacées par des rêves nouveaux, les envies, les certitudes qu'on renégocie au fil des expériences. Il se rappelle les jardins qui ont éclos, les rêves qui ont crevé en route, ceux qui ont bourgeonné, ceux qu'on a bradés au coût de l'existence, ceux qu'on a inventés, et qui nous ont portés.

Et soudain, il est empli d'une gratitude immense pour ce présent, qu'il tient et qui le tient, auquel il est arrivé, sans le vouloir clairement, tout en le sachant de façon si nette, au fond : être là, avec ceux qu'il ne savait pas encore, mais dont tout son être vibrait de l'attente. Sentir ces présences qui vous font vraiment vivant. Et soudain il réalise le bonheur d'être là, au milieu des siens : Sarah, qui partage sa route, quelques uns de ses rêves et ses pyjamas, et ces bouts d'eux, engagés sur leur propre chemin : Nathan et Julia.

« Pourquoi tu souris ? ». Non, il n'y a rien à répondre, tellement à exprimer.

Et silencieusement la vague, la vague tapie doucement déferle, irradie et le porte à dire : « Parce que je vous aime. ». Les présences se resserrent un peu sur le canapé. Chaleur. Baume serein. Amour du quotidien. Plénitude d'être. Ensemble.

C'est ce soir que je vous aime.

Et il a une pensée qui pétille au loin pour elle, là-bas. Elle qui vit maintenant quelque part, elle qui a aussi suivi son chemin, ses routes, ses déroutes. Content de te savoir. Et de voir que tu vas bien. Ton sourire me dit que tu ne t'es pas trahie, et ça, j'aime bien.

PASSAGERS

Aux passagers croisés, le temps d'un voyage au fil des rails, quelques heures avant de reprendre la course folle de nos vies parallèles sur une des lignes de vie de la SNCF :

- celui qui travaille dans une chocolaterie et veut votre adresse sous prétexte de venir vous livrer des chocolats le soir de Noël

- celui qui part faire des fouilles archéologiques en Algérie et vous renseigne sur les différents dialectes arabes et les origines de la médecine

- celle qui va passer demain son examen final pour devenir kinésithérapeute et qui vous parle de son stress devant l'épreuve orale qui l'attend demain matin

- celui qui part creuser des tunnels en Italie et vous drague en allemand

- celle qui vient du Sénégal pour rendre visite à sa sœur à Vienne et veut savoir s'il y a des gens de couleurs à Lyon, car les regards étaient parfois lourds à porter en Autriche

- celle qui vous parle avec ferveur de ses recherches et de sa thèse sur l'histoire du journalisme

- celui qui vous demande ce que vous lisez et vous

évoquez Oscar Wilde comme un vieil oncle mégalo et facétieux

- celui qui tient a-bso-lu-ment à vous aider à faire votre dissert (« Les genres les plus courts sont toujours les meilleurs. Vous commenterez et discuterez cette affirmation. ») sous prétexte que son ex était en fac de lettres.

- celui qui vient de Mulhouse et vous conseille d'abandonner vos idéaux pour enseigner dans le privé. Il a une cicatrice encore récente sur la joue et pratique le Kung-fu.

- celui qui vient de Gap pour acheter une voiture dans le Jura et vous fait partager son enthousiasme

- celle qui, coupe au carré, fait des études de droit

- celui avec qui vous riez alors que le paysage défile, suit des cours à la Martinière et qui in extremis à l'arrêt du train vous demande si avez une adresse MSN

- celui qui était en prépa au Parc et à présent fait une thèse pour Météo France sur les propriétés de la neige, et vous conseille de voir Toulouse

- celle qui a de longs cheveux blonds de conte de fées et dont les deux parents accompagnent toujours les aux revoir du dimanche soir sur le quai

- celui qui revient de Madagascar, travaille au grand air et vous rassure sur cette nouvelle région où vous ne connaissez encore personne

- celle qui prend l'avion d'habitude et là c'est la première fois qu'elle prend le train, et vous propose de partager la lecture de quelques numéros de Cosmo

- celui qui vous emprunte votre stylo pour y glisser en douce son numéro de téléphone

- celle qui, chignon et grands yeux, en terminale au lycée, est passionnée de théâtre, veut en vivre, et vous conte les spectacles et la joie d'être sur scène et les projets enthousiastes
- la jeunesse allemande qui joue de la guitare dans l'allée, un soir en Mai, coucher de soleil et le train file, parfum d'insouciance
- celle qui est au Parc depuis quelques mois et à qui vous conseillez de ne jamais, jamais, faire dépendre son estime personnelle de ses notes
- le beaujolais nouveau et quelques embouteillages embrouillés dans l'allée
- celui qui vient de Serbie et vous parlez en anglo-deutsch jusqu'à Besançon
- celui que vous n'attendiez pas, qui est en école d'ingénieur et vous confie ses doutes et avec qui vous regardez un film sur son ordi parce que la loco est tombée en panne, et puis « ça fait 5 h qu'on parle mais je ne sais toujours pas comment tu t'appelles. »
- celui qui fait ses études à Rennes et vous parle durant tout le trajet avec gentillesse alors que vous êtes un peu nostalgique
- celle qui pianote sur une gameboy, puis feuillette *Gala*, avant de tout ranger et de sortir *le Monde* de son Eastpak : inclassable

Des bribes, des échanges, des existences qui se laissent deviner, des sourires, des coups de gueules, en point d'orgue ; et puis tous ceux et celles que je n'ai pas vus, chacun dans sa bulle, le long des voies cahotantes.

IMMEUBLE D'EN FACE

Immeuble en destruction
câbles qui pendent dans le vent
y'avait des gens
y'avait des envies
de la circulation dans les allées
les fonctionnaires zélés devant leur computer att-
ablés
les moquettes baillent dehors
tas dépenaillés
cage d'ascenseur ouverte aux oiseaux et aux courants
d'air
y'avait les rancœurs passées sur le photocopieur over-
booké
il s'emballait trop souvent aux heures de pointe
y'avait les ruminations solitaires à la fenêtre
y'avait les ronds des cafés dans du plastique
pur arabica, double expresso serré, bien ferré dans les
mains en soif de chaleur
parfois les traces entrelacées des gobelets dessinaient
des drapeaux olympiques

sur la table
fraternité d'une conversation partagée
mais les cinq mousquetaires sont dissouts
et la plaque en synthétique cisaillée ;
y'avait les corbeilles pleines d'arbres en décompos-
ition
qui recevaient les derniers brouillons pleins d'insatis-
fait et des gribouillages d'ennui vagabond
y'avait du temps passé
y'avait des médisances, et des messes basses, des cri-
tiques
pas assumées, chuchotis furtifs et secrets de polichin-
elle
« Mais tu sais pas ce qu'a dit Irène... ? »
les rumeurs, les circulaires officieuses, les bruits de
couloirs
et les fonds de tiroir ressortis en épouvantail :
« C'est comme en 93, ou en 94, tu te souviens, mais si,
quand le patron avait lancé ... »
Les croisements à l'heure des pauses water
pas pressés, pas pressants
les aller retour,
les allées et venues
les allées tout court,
les sourires de couloirs
et les bonjours balancés en passant
devant les portes entrebâillées ;
y'avait les flirts doucement amorcés dans la poussière
mordorée
des moquettes pas bien shampooinées
Tu restes ce soir .. ?

Quelques méfiances, quelques fous rires.

Eclatants

Les malaises dans les ascenseurs trop fréquentés ;

les regards fuyants, rivés sur le portable ou les clés du paradis égaré

« Et tes enfants.. ? »

Le mugissement des tuyaux en alu de la chaudière, déesse du climat, point de clémence

on entendait son ronronnement tranquille : « Mais quand est-ce qu'il vont la changer cette saleté ? »

la clim toujours en retard sur l'été

le chauffage jamais en avance sur l'hiver

Les conversations de parking et à demain,

chacun dans sa carlingue, et chacun sa voie,

les squales noirs filaient sur l'asphalte abrité

Y'avait les pas fréquentables

y'avait les solitaires, cavalier seul et « surtout s'adresser ailleurs SVP »

y'avait les faux rires

et les vrais semblants

y'avait les solidaires

y'avait les princes d'humour

et les vannes faciles

et les bons mots

et les coups de gueule

et les coups de vent

et les courants d'airs

les fils sont rompus

connect I cut

les carrières en stagnation

et les attentes fébriles d'augmentation

les cyniques
les relax
les sérieux
les dynamiques, toujours en selle, toujours en course
« Et merde, et Julia qui va à l'équitation à 16h ! »
les conversations biberons et faire-part
« Et ses premières dents »
« Quel lait en poudre ?.. Parce que moi, je pensais.. »
Les portes battent plus rien
le sol voit soudain la couleur du ciel,
et les plafonds éventrés pendent
langoureusement
tôle ondulée
tôle froissée
qui crisse au soleil
carcasse démantibulée
cheminée fracturée
plus de Père Noël
plus les toasts de départ
et les envies silencieuses
et les rapprochements derrière les verres enchampa-
gnés
sourires un peu ivres
le mousseux n'était pas terrible
mais les bulles malicieuses
pleines de promesses
qu'on trouvait ridicules
en rentrant la nuit tombée,
et demain trouble émoussé ;
maintenant, déglinguées, déguenillées
les marches de l'escalier qui

tonnaient à chaque pas
que les talons et les jupes réajustées anxieusement avant l'entrée
ne piqueront plus.
Les miroirs ont vu tant de coups de gueule contenus,
de grimaces -face cachée des cartes-
et les lavabos des pleurs
salles d'eau pour épancher les rages
le papier mouillé collait aux doigts
seconde peau honteuse qu'on rejetait rageusement
comme les larmes refoulées
et puis les clins d'œil ajustés
les réassurances,
les cravates réajustées
un sourire un peu crispé
et c'est reparti
sur scène, dans l'arène de PVC un peu usagé
au milieu de la folle symphonie ordonnée du cliquètement
des souris, des claviers, des stylos, des élastiques de pochettes
effrénés
et ces armoires gonflées de dossiers
prêtes à concurrencer l'Etat civil.
Bureau
bureaux
plus de castes maintenant, les murs décloisonnés
tous sur le même niveau vacillant,
nu, rasé de près;
restent les squelettes du paquebot, cylindre d'acier,
et murs propres aux graffitis

Y'avait des vies qui se croisaient là
pour un temps
pour un moment
qui vont continuer ailleurs
à râler
dans des cages d'ascenseur
qu'il faudrait repeindre.
« Et attends, tu sais pas ce qu'à dit Rachel !.. »
à s'aimer
dans des regards croisés
où s'esquissent les pressentiments.
A danser
la valse des travailleurs stressés.
« Et mince : y'a pas de pur arabica dans la nouvelle machine à café ! »

CLIC

Un clic
Tu claques
La porte aux nez
nauséabonds
Un clic
En cloque
Tu casses
Un clic
Un fil à la patte
La main dans le sac
Ça t'épate
Un clic
Tu passes
A la chaîne
Enchaîné
Des médaillons traqués
Truqués ?
Un clic
Des loques
Délocalisation en cyber-hibernation
A quand le déclic
Un clic
Tu troques

Tu truques
Tu traques
La ....
Entourloupes
Te turlupinent
Lubies éparses
Recherche amour
C'est quoi l'amour ?
J'ai égaré mon alphabet
Ne sais pas l'épeler
Ni l'appeler
Cupidon, Amour, en majuscules
Moi je préfère nos approches miniscules
En fraude
Quand l'amour en catimini
Ne récite pas son catéchisme
Et s'infiltre dans nos origamis
Papiers de chiffons, nos chagrins
Et pelures d'oignons
Un clic
Tu braques ton attention
Sur un profil
Un nombril
Et pas question
Next
Next
Un clic
Espoir d'amour
La souris qui frétille

Tant de rêves

Qui crèvent à coups de clic
Tant d'espoir en un amour pas trop platonique
Je suis la féé minime
La fée minitésimale
Minutée
Tic Tac
Clic Clac
La main dans le sac
T'es pris
Epris ?
Prison de prières
Imprécations sincères
Prison d'idées hautes
Un peu trop idiotes ?
Des clics
Patraques
Profils opaques
Hiéroglyphes atones
Se mettre à nu en numérique
Le coup de la cybernétique
Inertie insatiable
Romance romanche
Comanche en territoire apache
Avalanche d'amnésie
Nos pelages apalaches
Un peu lâches
Un peu rèches
Sans panache
S'enfuient dans le Connecticut
Connect I cut
A quand le déclic .. ?

L'AMOUR EN
QUESTIONS

Une autre station. Les portes s'ouvrent... et ils entrent dans le wagon. Eux deux, ensemble. Evidence : amoureux. Ils ont ces regards qui ne regardent qu'eux. Et tous les voient, clos dans leur îlot de complicité : entre tendre respect et audace sulfureuse. Et tous les voient. Et chacun les envie un peu, tout en ressassant ces hésitations de solitaires.

Lui observe, et voit beaucoup. Il se tait, extérieur. L'amour, c'est nager en eaux troubles. Il devine des ombres qui se cachent sournoisement derrière l'amour : ces vieux désirs enfouis, ces illusions, ces rêves éveillés, cette jalousie potentielle. Et il a peur d'entraîner quelqu'un dans ce qui lui paraît si obscur. Être amoureux, c'est être terriblement vulnérable et fort en même temps. Ça l'effraie. Et puis, comment se tourner vers l'autre quand on n'est pas encore achevé, pas encore né à soi ? Comment construire quelque chose au milieu de ses incertitudes ? Il a peur de se tromper. De tromper l'autre. De souffrir. De faire souffrir. Alors il préfère la distante solitude plutôt que d'entraîner quelqu'un dans des tourments incertains, qui lui apparaissent comme des complications vaines.

Elle a peur. Peur de l'aimer, peur de l'aimer sans l'aimer vraiment. Peur de ne pas l'aimer. Comment savoir ? Elle veut être sûre. Pour ne pas jouer, ni avec lui, ni avec elle-même. Mais quand commence l'amour ? Aimer ne peut-il se conjuguer qu'à deux ? Peut-être qu'on ne peut pas savoir si on aime tant qu'on est seul dans ses rêves effleurés. Peut-être que seule l'épreuve de la réalité permet de savoir. Mais pour ça il faudrait oser vivre un peu, et ça l'effraie. Alors elle préfère ses douces chimères, les soirs de solitude devant la télévision, entre deux romans.

Lui, aime les filles, leurs manies et leurs subtilités. Il les trouve touchantes, et à jamais mystérieuses. Il les comprend, apprécie leur compagnie, est là pour les rires fous partagés dans le moelleux des coussins ; et pour consoler les doutes, son épaule ne s'effarouche pas. Des frôlements doux, sans y penser. Un peu de tendresse sans conséquence. Douce confiance. Quand tout semble simple, tant qu'on ne parle pas d'amour. Mais est-ce que ça peut durer toujours ?

Elle s'interroge : roman, romance, romantisme : qui ment ? Tous ces vœux enfouis qui se cachent derrière l'amour, tous ces rêves, ces idéaux qui peut-être empêchent d'être ouvert au monde, à la réalité. Elle se dit qu'elle devrait peut-être renoncer aux majuscules, et les laisser aux titres de films ou aux rêves évaporés. Ne plus rêver de l'Amour, mais vivre des amours. Mais c'est dur d'arrêter de rêver.

Lui ne sait pas bien ce qu'il pourrait apporter à quelqu'un. Se dit qu'il n'a rien à donner, qu'il n'a que des doutes. Pas grand-chose à dire. Il la regarderait des heures muettes, sans parler. Mais qu'a-t-il à offrir ?.. Il ne voit pas... que c'est intéressant le doute...

Elle ne veut pas s'avouer qu'elle a besoin de lui, de sa tendresse. Elle préfère faire comme si ça n'avait pas d'importance. Elle préfère souffrir son absence ou sa présence indispensable, mais surtout elle ne veut pas renoncer à l'idée qu'elle se fait de l'indépendance : libre et sans attaches. Il n'a qu'à deviner. Sinon... tant pis.

Une autre elle pense à ces années de mariage un peu usées, au quotidien dérisoire qui continue encore, et qu'on essaie de maintenir, sans grande conviction... Parce que l'amour parfois s'altère, mais qu'on préfère ça à la solitude. Et puis elle se souvient : un été, à l'âge éternel de tous les Rimbaud : moments intenses quand la vie soudain bat plus fort et que rien n'a plus d'importance que ces regards, ces sourires et ces bras qu'on espérait et qu'on n'attendait pas... Elle a ce sourire un peu triste, mais sans regrets. Elle pense à sa fille, à ses regards sombres qui dissimulent un ailleurs : 15 ans, déjà...

Lui pense à ses copains, qui dansent à deux, en couples

plus ou moins glorieux, mais ensemble quand même. Il pense aux normes des statistiques. Révolus, sans possibilité de retour. Mais aujourd'hui plus de gêne : ça fait partie de son chemin. Et c'est cet écart qui fait la vie.

Elle est amère, déçue. Le cœur à vif qui ne veut plus avoir mal. Elle s'anesthésie. Elle se dit que l'amour ça ne dure pas, ou alors le temps d'un rêve, sur un malentendu. Elle se dit qu'elle ne se fera plus prendre au piège, maintenant qu'elle sait.

Lui, a dans sa poche un cœur coloré au feutre rouge et au centre, deux prénoms hésitants qu'elle lui a donné à la récré ce matin. Et plus tard, ils se marieraient ; en attendant, ils échangent des dessins maladroits pleins de foi inébranlable.

Elle, les regarde s'enlacer en se demandant : combien de temps ? Combien de temps avant de se dire au revoir ? Avant de se dire que c'est fini ? Combien de temps dure une histoire ? Dis-moi : quelle sera la durée de notre amour ? Terrible question. Tout s'effrite, tout dégénère, tout change... C'est vain, c'est une tentative désespérée de commencer une histoire. Je ne veux pas d'histoire qui se termine. Je veux une histoire sans fin. Pour toujours, mon amour. Elle veut la certitude, l'absolu. Du sûr, du toujours. Alors elle attend. Elle rêve d'amour. A quoi bon vivre l'amour, si l'amour est éphémère ?

Lui pense à tous ces instants d'éternité qui font la vie, et tant pis si ça ne dure pas. Ce sont des moments vécus, où on se sent exister pleinement, dans la vie. Est-ce que l'amour a un âge ? Y'a-t-il un temps pour plaire, pour séduire, pour être amoureux ? Passé ? Il se dit que les plus belles amours, les plus absolues, les plus intenses sont ces premiers pas hésités, dans un tremblement ardent. Il repense à ces « elles », avec tendresse. Toutes importantes. Une à une sur sa route, il revoit les traits de chacune, et les remercie chacune d'avoir jalonné son existence, de lui avoir apporté chaque fois quelque chose d'unique. D'avoir nourri son existence de leur présence, même fugitive, même éphémère. Recommencement chaque fois différent et sincère et beau. Vivez, jeunesse, vous qu'amour inventa pour aimer ! Et il les regarde avec un sourire ridé, seul sur le siège de la banquette.

Terminus. Les portent s'ouvrent ; tout le monde descend, chacun dans ses questions de solitaire. Et tous retournent à leur vie. Les amoureux disparaissent dans la foule, main dans la main. Et elle aussi, elle se pose des questions et veille tard le soir dans sa tête allumée ; mais maintenant, entre ses doigts : ses doigts à lui, et à cet instant, elle y croit. A cet instant, elle cesse de réfléchir ; elle se dit que le reste attendra un peu. Qu'on verra bien. Maintenant : ses doigts, les siens, liés.

Et puis, il y a lui, qui les voit, eux tous, dans leurs doutes, dans leurs questions, dans leur solitude plus ou moins douloureuse, d'êtres humains prudents, dans la peur de brûler trop vite. Et puis ça n'empêche pas l'amour : l'amour est un don, jamais une question.

Les chansons n'ont pas toujours tort. Il dit « j'aime » et alors il donne. Vis ton amour, donne : de l'amour et de la lumière tout le monde en a besoin.

AMOR AMORCE

Dans la boîte en plastique aux lueurs vitrocéramiques, aux néons flambants flambeaux froids, il surgit et s'avance.

« Bonsoir. Excuse-moi, est-ce que tu aurais du feu ?

-Non, désolée.

- Pas de quoi, moi non plus, je ne fume pas, en fait.

- … ?

- Comme tu ne m'abordais pas, c'est le moyen que j'ai trouvé.

- …

- J'aurais pu te parler de tes chaussures ou de ta coiffure, mais je n'ai l'habitude de faire des compliments que si je les pense vraiment. Cela dit, j'aime beaucoup ta veste.

Bon, je vais devoir y aller, mes amis m'appellent. Bonne soirée, à plus tard. »

Est-ce qu'elle le retrouvera pour poursuivre ce début de rien ? Pour en faire quelque chose ? Ou pas. Pour dire oui, à la rencontre, ou non.

Heure de pointe. Elle arrive toute éparse d'avoir couru : surtout ne pas faire attendre, surtout ne pas louper cet ascenseur ! Ouf, quelqu'un a la gentillesse de maintenir l'acier ouvert. Elle s'y glisse dans la foulée, dans un sprint final, petits pas pressés. « Merci » dans un soulagement essoufflé et regard gratitude qui se lève... sur Lui !!! Rencontre grotesque de deux réalités dans l'espace clos. Un peu plus essoufflée, elle tente de recomposer quelque chose des pensées contraires qui la déboussolent. « Bonjour », sourire de la reconnaisse entendue. Il reste impassible, juste un frémissement de la commissure.

Alors, est-ce qu'il la retrouvera pour poursuivre ce début de rien ? Pour en faire quelque chose ? Ou pas. Pour dire oui, à la rencontre, ou non et ainsi ouvrir d'autres possibles.

Parfois, la vie c'est un plateau de fruits qu'on vous tend, alors, il ne faut pas hésiter, avant qu'il ne s'éloigne, mordez à pleines dents, ou dérobez quelques grains de raisin en cachette, mais servez-vous, s'il est en phase avec vos aspirations. Il passe et qui sait s'il reviendra ? La seule certitude, c'est maintenant. Le oui est intéressant s'il est aligné avec vos désirs profonds.
Le refus est intéressant aussi : quand il est juste, il ouvre les portes sur des possibles plus en phase avec nos réelles aspirations.

Et vous, que feriez-vous ? Quelles portes ouvririez-vous ou refermeriez-vous sur un nouveau possible ?

CLING

Il lui dit de sa voix, belle et profonde voix, - car elle s'épanche de ses lèvres gourmandes, qui bourgeonnent au cœur de son visage aux traits délicieux, en harmonie avec son corps svelte et auréolé d'une gracieuse flemme-. Il lui dit et cette onde émane de lui et suffit à magnifier tout son être et sa présence. Forcément, fatalement sa voix est belle, et les mots n'ont plus de sens quand une langue agile les chahute entre deux éclats blancs. Il lui quelque chose qu'elle n'entend pas, absorbée dans le silence de la contemplation. Il lui dit qu'il doit partir. Maintenant ? Déjà ? Il dit quelque chose sur un train, un horaire, les grèves ou les problèmes de feux en ville... et il se lève, sans la regarder, repasse une main sur son visage comme au sortir d'un songe, et enturbanne une écharpe en larges pans gris à son cou.

Son mouvement dans l'air exhale un parfum boisé qui se diffuse en volutes à chacun de ses gestes, le long des jets de la matière voilée. Elle l'intercepte et s'en imprègne à petites bouffées, respirant avec envoûtement le musc et l'anis. Il dit encore un mot, deux, trois peut-être. Il ramasse son sac boursoufflé qui pèse à son épaule. Elle éprouve une pointe de satisfaction, en l'imaginant transbahuter tout ce bardas dans un air plus glacé que les trottoirs du soir. Il va sortir, soudain il n'est plus là.

Elle le regarde s'éloigner à travers la vitrine clignotante d'une joie factice et vulgaire, elle le regarde s'éloigner, le dos tourné, lui et son sac dont elle ne connaîtra jamais le contenu, lui et son parfum indicible et elle sait bien qu'il n'aura pas un regard en arrière vers la paroi de verre, où dans un décor figé se meurt son cœur gelé ; pourtant elle ne le quitte pas des yeux. Quand il a disparu à l'angle de sa pupille affutée, il lui réapparait déjà, cristallisé dans les strates de sa mémoire.

Elle respire plus amplement alors, comme libérée d'une étreinte insidieuse et tenace, comme le sommeil, doux poison que la mort distille, à la fois engourdit tout en semblant libérer. Elle s'en veut, au fond, maintenant que l'espace où ses yeux ne savent plus se poser est vide. Elle croit deviner sa main dans les plis de la serviette qui s'enfle avec négligence, ou ses lèvres à la légère trace qu'elles ont imprimée au tranchant de la tasse de thé. Elle s'imagine s'en saisir et posant sa bouche à l'endroit même où figure la marque de sa présence évanouie, boire au breuvage sacré qu'elles ont touché. Elle s'imagine, mais sa main n'esquisse aucun geste, comme si tous les menus objets qu'il a effleurés lui appartenaient, comme si un instant il y avait épanché son aura sublime qui continuerait à transparaitre, et que la profane qu'elle est ne doit pas approcher. Ou comme s'il allait revenir et reprendre place dans le tableau, au milieu de ses sujets dévoués qu'il maniait à son gré. Que dirait-il alors, s'il la surprenait se délectant du contact furtif sur le verre signé sans ardeur, buvant avec ravissement à la source où lui-même avait négligemment puisé des gorgées tièdes ? Quand bien même elle le ferait, ne serait-elle pas déçue par la froideur du verre lisse que le thé fade ne parvient plus à réchauffer ? Ne trouverait-elle pas le thé insipide et trop âpre à son goût ? Elle n'y rencontrerait encore que l'absence ; et le manque se ferait plus grand. Quel manque ? Il était bien là, tout à l'heure, il y a quelques minutes devant elle, il lui parlait même, elle en est sûre, il lui parlait, elle peut se souvenir le souffle de sa voix et la curiosité de son regard qu'elle avait du mal parfois à saisir, à force de s'y plonger avec un complet abandon, à force de n'être rien qu'une vague avec la volonté sourde de se dissoudre avec fracas dans ses pupilles.

Il a passé comme un rêve. Il lui a parlé pourtant, ils ont dû parler du temps froid et de l'hiver rude, de la neige qui est agréable mais tout de même un peu froide, comme si on était assez réchauffé... Oui, ils ont dû parler du temps et de quoi d'autre ? De rien. Rien que les paroles vides de la gêne qui veut se dissimuler avec désinvolture. Des sourires, glacés, des masques sinistres. Des rires, horribles, éclats ternes, des mots neutres qui vous écorchent à force de se faire une place nette et bien découpée dans votre bouche flasque. Deux muets, pire : deux pantins absents. Froid mensonge du vocabulaire désincarné.

Elle sait qu'elle se ment avec ces pensées assassines que seuls sa déception et son dégoût amer lui insufflent, mais elle n'a pas la force d'être sincère avec elle-même à cet instant où en fait elle s'en veut de n'être qu'un pantin maladroit et grotesque.

Le siège en face d'elle est vide. Le coussin où il se tenait a retrouvé sa forme initiale, dans une inspiration bloquée. Dans quelques instants, une main anonyme va venir vider le cendrier où se meurt un dernier tison, aplanir les reliefs et les menus dérangements que sa présence fugace avait ordonnés doucement, en déformant un peu le réel rigide. La main gantée de blanc va déplisser la nappe dans un glissement propre et caressant ; elle va défaire impassiblement les traces et dénouer l'espace ; elle va saisir le verre par son pied et briser le reflet qu'il portait et emporter les lèvres qui l'ont effleuré. Elle sera seule alors, avec son imaginaire écorché.

Elle sortira un stylo de son précieux sac où s'étalent l'intime et le vulgaire, pour griffonner quelques mots au hasard sur la nappe rouge, dernière trace du réel fugace. Elle voit son reflet dans la glace en face d'elle que son buste lui dissimulait. Elle voit son teint pâle, son air abasourdi dans le reflet opaque. Elle voit sa prunelle sombre et son regard absent, se noyer dans les volutes des fumeurs noirs. Et elle écrit à l'encre sans couleur, ces mots sur la page :

« Si tu n'es qu'un songe, je veux vivre pour rêver. »

AVERSE

C'est beau un homme la nuit, qui attend sous un parapluie. Qui doute un peu sous la pluie, sous son abri un peu trop grand pour lui.

Un homme qui attend. En attente d'Elle, forcément. D'une Elle de fortune, ou d'une camarade d'infortune, croisée au hasard des détours, ou depuis longtemps familière sans détours.

Pour un séjour, ou pour un instant. Pour une heure, pour un moment.
Quand l'amour n'est pas à l'ordre du jour, mais que sa promesse incertaine le fait vivant.
Quand rien n'existe que des pressentiments.
Quand l'espoir n'est qu'un mirage, si léger, sans tourments.
Quand, aucuns ravages encore, le cœur s'offre sans y penser. Simplement.
Sans promesse de rien, vulnérable à tout.
A tout prendre, il se tisse des toiles
d'araignée.
Mais sans s'en douter. En attente dans le soir glacé.

Tuer le temps. Le regard un peu perdu des soupirants absents, des hommes, quand ils attendent.

Vous, les grands abandonnés. Il vous faut une femme pour vous rattacher au monde.

Une femme pour vous remettre au monde, vous, les déracinés, les errants de la terre.

Une amie, une sœur, une amante, une âme-mie douce où se pelotonner, une âme-sœur où s'épancher, une âme-frère où se reconnaître un peu, une peau caresse, et des cils solaires où puiser de la lumière, un corps où s'appesantir, une compagne, confidences pour confidences, une compagnie confiance qui se moquera de vous gentiment, une enquiquineuse, une raisonneuse, avec qui se prendre la tête et aimer ça, une intime étrangère, avec ses lubies complexes. N'importe, mais une femme à vos côtés, pour partager, pour un temps. Pour un rire, pour un instant, pour un baiser, pour un moment, pour jouer, pour séduire, pour rêver, pour un film, pour découvrir, pour se disputer, pour un roman, pour un corps accord, deux peaux d'accord, pour devenir, et dans tout ça, s'aimer peut-être dans un présent.

Mais il ne le sait pas.

Dans le vague, il a cet air triste de celui qui attend.

Solitaire sous la pluie, dans la nuit.

Les corps et les cœurs sont bien gardés sous les manteaux tapis.

Elle viendra ? Et si elle ne venait pas ?

Attente dilettante, qui semble se rire de vous à chaque seconde qui passe.

A chaque passante qui se défile, à chaque ombre qui se dérobe,
un sourire en tapinois.
Entêtante attente qui dilapide les éphémérides.
Quand la vie en stand by, clignote,
s'épuise en économie de bouts de chandelle.

Il y a une beauté tragique de l'attente. Quelque chose en suspens.
Il y a du défi dans l'attente. Du temps qui repose
Du temps impatience.
Du temps résigné.
Perdu ?
Elle avait dit, pourtant..
De la croyance en balance avec les probabilités concrètes.
Temps mort, temps morne.
Où se perdent en conjecture ces hommes qui attendent
attendent une arrivée, élue un soir de solitude.
Attendent d'être sauvés, sous leurs grands parapluies tristes.
Qui ploient lamentablement.
Il pensait.. Il avait cru..

Il se détourne
il s'en retourne,
au soir un peu plus noir,
au froid un peu plus froid.
Tant pis, tant pis pour moi.
Le regard solitaire, un peu trop seul
dans la nuit et la pluie.

Et puis, on tape sur votre l'épaule.

Elle est là, qui vous sourit,
vous embrasse, et raconte le pourquoi du comment,
les grèves sur la route, les feux rouges, et déjà vous ne
l'entendez plus.
Parce les doutes, parce que la solitude, tout ça n'existe plus,
maintenant qu'elle est là.
Qu'importe l'heure, ou le temps qui se meurt,
qu'importe la nuit, qu'importe la pluie, et l'attente as-
sourdie, dissoute à présent.
A sa présence effervescente.

Alors à l'abri, sous le grand parapluie,
vous vous serrez un peu et vous tracez des pas dans la
ville qui vous oublie,
qu'importe les vies qui sévissent en toile de fond,
pour un moment, pour un instant,
dans la nuit et sous la pluie,
vous l'écoutez commenter, et dire, et râler, et railler
doucement et parler un peu trop,
parce qu'il y a toute cette vie en elle, cette vie qui
déborde,
qui vous inonde et vous décoche un sourire.
Le premier de la journée.
Et elle ne le saura pas.

AU REVOIR

« *La sensibilité, la timidité
et la fierté réunies sont un trio
fâcheux.* »
Benjamin Constant

Il est 10h37. Gate 42. L'harmonie règne et l'avion, frêle rêve humain, s'envole dans l'oranger du ciel sans nuages. La vie sera triomphe et lumière. La vraie Vie. Celle que les poètes cherchent à prendre dans les filets de leurs vers. Celle qu'on attend, celle qui tinte et résonne. C'est maintenant que tout commence.

On serait à la fin du film et l'héroïne serait de dos, face à la baie vitrée où on apercevrait l'avion qui décolle. Très doucement, le plan se resserrerait, ferait un zoom sur son dos et son t-shirt blanc, l'ombre dessinée par le tombé de ses cheveux épais. La caméra zoomerait encore, puis elle se retournerait : son visage aux traits détendus s'offre à l'écran, plein de sérénité puis doucement se prête à un sourire, un sourire qui se révèle, comme une aube secrète. La musique distille son dernier accord qui résonne et tout en elle respire la renaissance. Fondu au noir. C'est maintenant que tout commence. Son sourire est une promesse qui dit qu'à présent, la bande-son de l'existence sera celle des grandes envolées lyriques et que la vie sera pleine d'elle-même. C'est maintenant que tout commence. En accord avec l'univers. Ses sandales sont raccords avec le rouge à lèvres des hôtesses. Tout est lumineux, clair, aérien.

Le monde de l'air est si parfait, si propre avec ses hôtesses et ses stewards impeccables et superbement souriants. Tout serait imprégné d'une joie voilée, légère. Serait.

Sauf que je n'ai rien de la classe d'une héroïne du début des années 50. J'ai le cœur essoré comme une serpillère. J'ai les joues rouges d'avoir trop couru pour ne pas rater ces au revoir. Je suis hirsute, le chignon crêpé. Parti pour ailleurs... Un ailleurs lointain, le Mékong, la Baie d'Along, le Mississipi, le Missouri, et aux creux d'un détour l'Amour peut-être. Fleuves qui auront toujours le parfum d'un exil fébrile. Le vernis oranger s'écaille sur mon orteil, il a la couleur corail de l'insouciance estivale et des fonds marins où mon cœur s'abîme.

Raté, j'ai raté l'avion, les aux-revoir. Maman j'ai raté l'avion.

Sauf que je n'ai rien de la classe d'une héroïne du début des années 50 : j'ai les joues rouges d'avoir trop couru pour ne pas rater ces au revoir. Et ils sont à mes trousses. Ils se rapprochent dans le hall. La moquette amortit leurs enjambées qui les rapprochent inexorablement. Je prends conscience des secondes qui s'égrènent. Leur sentence est irrévocable.

J'ai ressassé dans ma tête les dix maximes de l'au revoir parfait, formulés un soir de nervosité nostalgique et placardées dans le tiroir de la cuisine à côté des oignons et des échalotes, ces ouailles qui vous tirent des larmes malgré vous. Et tant pis docteurs Freud et Lacan pour l'analyse : oui, oignons se rapproche de moignons et toute séparation est un peu une amputation ou un soulagement, c'est selon qui vous quitte. Car on est toujours quitté, même quand c'est nous qui nous éloignons. Pour se protéger des oignons, j'avais une technique infaillible : le masque de soudeur récupéré au fin fond de l'établi de grand-père entre un méchoui et un fer à souder ; pour se protéger de l'émotion d'une séparation je n'avais pas grand-chose. Voilà pourquoi les maximes trônaient fièrement dans le débarras avec les oignons. Et pour cette séparation-là j'avais besoin de plexiglas pour protéger mon cœur du tonneau des Danaïdes. J'avais relu les dix commandements de l'impassibilité et à présent, dans le hall de verre qui m'enserrait, je les ressassais, litanie pleine d'espoir :

1. Ton téléphone tu ignoreras (plongé et planqué au fond du sac sur mode silencieux)
2. Tu ne te retourneras pas. Ne pas faire comme Orphée. D'ailleurs, quelle aurait été la réaction d'Orphée s'il avait remarqué qu'Eurydice n'était pas là ? Et mon Eurydice à moi ne sera pas là, à arpenter derrière mes pas.

3. Tu ne prêteras ni l'oreille ni le cœur à une chanson sentimentale… Je serai étanche aux aveux sentimentaux, scandés ou susurrés. Ces refrains mélancoliques ne m'atteindront pas. Pourtant la radio de la gamine qui attend patiemment laisse échapper la peine de Macy Gray : « I try to say goodbye but I choke… » Avant je les trouvais niaises ces chansons. Avant. Parce qu'en fait il n'y a rien que les mots simples pour dire les peines qui s'attachent au fond des cœurs.

4. Ne pas penser à son nom.

5. Ne pas ouvrir un livre où un personnage porte son prénom. Corollaire : ne pas regarder de film où un protagoniste arbore son nom.

6. Eviter impérativement tout ce qui pourrait résonner avec sa présence, sa personnalité, ses références, ses préférences, ses discours, l'expression de son visage.

7. Agir, agir, agir. Bouger, exprimer, créer, courir, faire du sport… Danser, discuter… Appeler Carole.

Mais voilà, il traînait partout. S'affichait avec insolence dans chaque recoin. Sur la casquette des touristes. Sur les marques des glaces édulcorées. Jusqu'aux titres des magazines. Etalage tapageur. Qui ne laisse pas le cœur indifférent.

"I try to say goodbye…"

Changer de disque. "Go away, give me a chance to miss

you"

C'est maintenant que tout commence : un aure-voir au goût des retrouvailles avec soi.

FB...)-;

Déroule ta vie sur des murs, transparents, transparence des signes.

Commente ta vie, téléfilm de tous tes instants. Le rien qui devient tout. Se recréer par les mots, se dire.

Tout et rien de moi. Bout de vies bouillants de vie. Moments écrans.

Que des écrans entre nous et pas d'estampe. Transparents, vraiment ?

Tu te fais un papier-peint de mots, de menus déroulés. Signes, lol, temps pris.

Contact ? Surgissement des figures. Sur des photos, les visages connus mystérieusement étrangers, loin, d'un quotidien autre. On les reconnaît, et voit tout ce qui se fait sans nous. Ils se marient. Elle attend un bébé. Elle bosse à la garderie. Il part à New York. Y'a plus rien dans son frigo. Elle revient de Jaipur. Tonight boîte. Seras-tu là ? J'ai loupé l'exam.. On a gagné ! Vivement les vacances... A ce soir ! I love you. J'ai pas le moral.. J-3... Et jeux de mots, je de mots, jeux de maux.

Ces vies qui semblent si vivaces.

Et fenêtres encastrées et mes photos de vacances, et planète monde sourde.

Com sur com, plus ou moins lol. Se recréer un monde qui parle du monde. Média pour parler des médias. Voir, voir, voir, voyeur voyou, et dire, dire, dire, délires.

Partager états d'âme et soubresauts, météo perso, et j'aime ça. Humeurs déclinées avec le jour. Au regard exposer, se mettre à demi-nu, à demi-mot, en faisant le tri.

Page blanche, je sèche, moi... Quoi être ?

Envie de vie, changer d'air.

Et dans la barre du pseudo, elle a écrit : « Partie vivre. ».

FIDELE ENNEMI

Il frémit encore.

On le croyait endormi avec l'adolescence tumul-
tueuse, allé avec les années, les nécessaires compromis, le pragmatisme résolu, les idéaux fracturés,
le relativisme contagieux, le lissage du quotidien, la
nécessité du moule, les costumes consentis, les cravates nouées dans les têtes, le sérieux pénétrant, les
« c'est pas grave »et « ça ira », les résignations sans
goût, les fausses raisons, le bocal qui tourne à vide,
marchandé au coût de la vie.

Il est encore là.

Il rit à tes loupés,

brûle à tes colères, rêvasse à tes ennuis.

Quand tu oses, souvent tu l'entends qui s'écrie.

Parfois il te fait peur.

Il est cette insatisfaction qui te pousse,

ce doute qui te sourit en coin, même au sommet.

Parfois tu l'envoies promener,

toujours il revient.

C'est ton plus fidèle ennemi, celui qui te tient.

Il est dans toutes les révoltes, dans les braises qui rougeoi-
ent, dans la vie qui palpite, dans ces idéaux tremblants, du
bout des doigts.
Dès que tu ne réfléchis plus : il est là,
il est toi.
Derrière tous tes pas dérobés,
partenaire obligé de toutes tes danses,
dans ces désirs inconnus qui t'attendent,
dans les envies sourdes.
Dans les larmes et les éclats.
Il est la vie qui va et qui bat.

Dans les pointes cyniques
et les profonds désarrois.
Dans tes abandons, c'est lui que tu vois
Même quand tu te fuis, tu ne lui échappes pas.
Parfois on le calme, ou l'assomme à coup de pensées
toutes faites, slogans désarmants.
On lui ment pour le faire taire, appelle à la convenable
convenance convenue.
Mais ce goût amer sur ta langue, qui te l'envoie ?
On le cogne, le rogne, le gomme, l'efface : il s'éloigne
un temps.
Toujours il revient.
Dans l'étincelle de tes yeux qui renaissent.
Sans calcul, dans tout ce qui se dévoile,
dans tout ce qui ne se dit pas.
Il vagabonde dans tes chimères
Il est cette foi qui espère, pas si folle, pas tant que ça.
La brûlure et le souffle qui tenaille,
Les angoisses allumées dans le soir solitaire.

Le guetteur insaisissable
envahisseur imprévisible.
Tellement toi.
On ne grandit pas.
Fier, futile, fort et désarmé, il sommeille parfois,
mais respire un peu plus bas et il palpite là.
Doute, rougeur, fièvre, questions,
incorruptible à tes auto-convictions
et tentatives de séduction,
pas dupe de tes hypocrisies chroniques :
le rire franc, il te guette de son œil en escarmouche.
Il sait le tour de tous tes détours.
Il ne t'épargne rien et il a raison de tes torts.

C'est ton plus fidèle ennemi, celui qui te tient.
Il est dans toutes les révoltes, dans les braises qui rougeoi-
ent, dans la vie qui palpite, dans ces idéaux tremblants, du
bout des doigts.
Dès que tu ne réfléchis plus : il est là,
il est toi.
Derrière tous tes pas dérobés,
partenaire obligé de toutes tes danses,
dans ces désirs inconnus qui couvent,
dans les envies sourdes.
Dans les larmes et les éclats.
Il est la vie qui file et qui bat.

C'est la faille de nos personnages,
la dissonance qui ne triche pas et trahit si bien.
C'est l'incertitude vitale,
essence indécalquable.
Il est ce qui touche.

Au cœur de toutes les joutes, il joue à tout déjouer.

Il est ce qui attendrit ou agace chez toi,

et il s'en fiche.

Le plus humain et le plus inhumain en toi.

Cette fange mêlée de comètes,

les fulgurances et les lâchetés.

La vie qui va et qui bat.

Ce qui espère quand tu ne crois plus à rien.

Cette franchise imparable ; ironique tendre ;

obscène amoureux ; sensible intouchable ;

rêveur cynique ; désabusé engagé.

La paradoxe passionnant,

l'étincelle qui va, et bat,

l'éternel ado, chevillé à toi.

Pour le meilleur du pire.

Tant qu'il est là on éprouve.

Il assume tes silences, tes gaffes, tes coups de sang.

Se dérobe en souriant à tes conciliations et tes raccourcis biaisés.

Jamais dupe de toi.

A lui, on ne ment pas,

Et ces mots le font rire.

Tant qu'il est là, on ne pourra pas être indifférent.

Ton plus fidèle ennemi, celui qui te tient.

Derrière tous tes pas dérobés ;

La vie qui va et qui bat.

LA MUSE AMUSEE

Femme à l'ombrelle tournée vers la gauche, Claude Monet, 1886 (Musée d'Orsay)

Les heures avancent, inertes. Debout devant le tableau, absorbé dans la contemplation, il demeure.

A quoi pense-t-il ?

A un souvenir soudainement trop présent ?

A une histoire passée ?

A une en devenir ?

A une vagabonde ? A une furtive ?

A une secrètement gardée au royaume des songes éthérés ?

A une fille qui peut-être contemple le même tableau quelque part dans un autre musée, ailleurs sur la terre ?

A cette passante à peine aperçue, sitôt disparue à l'angle d'une rue à l'orée de ses paupières, inconnue et

insaisissable ?
A quoi songe-t-il,
Âme éprise de beauté et de rêves évadés ?
Passionné de dessin, fasciné par la technique ?
Esprit buissonnier, battant la campagne ?
Rêveur amateur de sentiments qui se débattent en
poings de suspension ?
Une silhouette dans le vent
Une apparition
Juste assez lointaine pour emprunter les traits d'une
inconnue
Mystérieuse, robe et rubans plissés de vent
Dans le champ où la lumière s'étale

Un souffle parcourt le tableau
Elle en a pris plus d'un dans ses filets, cette toile
Les filets du vertige inspiré
Un brin nostalgique
Poète égaré
Adolescent à l'âme de printemps
Saison où les cœurs ont envie de mûrir
Et mourir aussi un peu
Pour un frôlement de dentelle
Et un songe infini
Aussi grand que ce cœur
En attente d'aimer
En attente d'émoi
Passager et délicat

Souvenir :
Il était venu ici avec Elle

Elle de passage à Paris
Eprise de culture mais surtout de la vie
A croquer
Un après-midi de vagabondage
Au hasard des toiles
Et de Van Gogh en Courbet
De Degas en Manet
Soudain elle avait stoppé
leur marche allègre
Et avait soufflé « j'aime beaucoup ce tableau »
En passant, l'air de rien, gracile,
remarque anodine
Alors que déjà
Elle portait son attention ailleurs
Sur la suite, sur ce qui venait s'offrir ensuite
Il avait regardé la toile
L'ensemble et le détail
Avec un peu plus d'intérêt
Un peu de curiosité aussi
Puisque tout ce qui l'intéresse
Retient son attention
Et l'interpelle
Il avait perçu la douceur du soir
La délicatesse de la silhouette
Entre ciel et terre
Apparue
Et son regard s'était tourné vers elle
Qui était déjà absorbée ailleurs,
par cette chapelle, là-bas
Qui semble se noyer dans le crépuscule
Il avait failli dire..

Et puis non,
Un sourire,
Reçu.
Et ils avaient poursuivi la visite
De Monet en Lautrec
De Renoir en Caillebotte
De Rodin vers Claudel
Promenant leurs pas et leurs pensées
côte-à-côte au fil des toiles
en silence ou en partage
Et puis un soir
Aux Folies bergères
« Vous êtes complètement folle Mademoiselle »
Un peu d'ivresse
Beaucoup de jeunesse
Un soir d'été
Parfum de velours
et battement d'aile
manteau de pénombre
qui retombe et infuse
la plénitude des bras refermés
quand les sens et les ombres pactisent
en paisible cavalcade
et s'inventent
un langage pacifié
à l'oranger
des lampes
doucement incandescentes
Un soir d'été
Braise et bourgeon
Un soir

D'éternité

Et poudre d'escampette
Elle était partie
Courir la vie ailleurs
La vie qui parfois nous échappe

Restent les œuvres qui détonnent,
Complices d'un instant
Et cette inconnue ensoleillée
Sœur d'une autre inconnue
Qui vit, sent et palpite ailleurs à présent
Qui tambourine au gré de ses envies
Et valse en d'autres lieux
Entraperçue
Drapée de mystère

Restent les tableaux
Toutes ces figures muettes
Témoins de leur marche hésitante
Dans l'entrelacs des pièces
Et les méandres des pensées
Evanescentes

Alors de temps en temps
Quand les secondes s'usent
Trop durement
Pour échapper au pavé
Froid ou à la nuit qui ronge
Il vient réveiller un peu les fantômes
Des romans qu'on se conte
A travers ces toiles

Et ces figures familières
Qui accompagnent
Ses pas silencieux.
Et toujours, toujours
Il passe saluer
La jeune fille à l'ombrelle
Dans son champ mordoré.
Et toujours elle est là,
Fidèle au rendez-vous
Droite et altière
Exposée aux regards des visiteurs
Mais avec un secret
à lui seul délivré
et jamais tari
lointaine et proche
ivre de vent.
Puis il retourne à la vie
Au-dehors
A ces ruelles
Habitées de passantes
Toujours trop pressées
Et toujours belles
Dans les vies qu'il leur invente
Au passage

Et il ne saura pas qu'à des milliers de kilomètres
Dans une autre ville
Sous d'autres lumières
Une fille épicée au charme anisé
Ne manque pas de sourire
Chaque fois que son regard effleure

Une copie parfaite d'un certain Monet
Où une ombrelle et quelques rubans
Volettent
Au fil de ses souvenirs
Et lui dessinent sur les lèvres
Un léger sourire
D'intelligence,
un sourire discret
où court une joie secrète,
un sourire et une fossette
A la Mona Lisa.

HISTOIRE DE GOÛT

La voix d'argent tremblé pleurait une douce mélancolie. Hors des baffles, dans des sanglots purs, se noyait un désespoir de solitude.

Tu écoutais, tête baissée vers l'abîme, la détresse qui s'épanchait hors de la stéréo.

De temps en temps tu relevais les yeux pour voir les réactions des autres, autour. Voir si ça les touchait autant que toi, ce chant lugubre et ultime. Voir s'ils comprenaient comme toi la triste chanson de Didon abandonnée. Ils écoutaient, regards rentrés, concentrés. Sauf elle. Elle dénotait, totalement. Elle avait une envie de rire sur le visage. Elle te regardait de cet air goguenard, pas du tout attentive aux pleurs brûlés à l'amour de la voix féminine. Indifférente à cette voix qui toi, t'atteignait et t'emplissait de compassion, car tu aimais Didon, et ému par ses larmes, tu aurais voulu la consoler, la triste solitaire, éraflée à l'amour, touché par cette souffrance de femme laissée à elle-même. Elle, avait ce regard ironique et incrédule qui piaffait : « C'est tout toi ça, t'émouvoir pour une princesse délaissée. »

Tu as cherché un appui ailleurs, espérant sortir de cette impression de solitude dans le silence de l'écoulement de la mélodie de larmes.

« C'est beau, non ? » Quelques-uns, polis, ont hoché la tête, totalement insensibles à la musique, mais respectueux devant une admiration qui leur demeurait parfaitement étrangère ; d'autres ont eu un signe d'approbation, graves, les yeux dans les yeux, vraiment touchés, comme toi, frères dans l'émotion, et tu t'es senti moins solitaire.

Et puis parce que tu brûlais de partager plus, parce que la voix était vraie et que tu avais envie d'être vrai aussi, tu as avoué, yeux pudiquement baissés sur le livret du CD : « Moi je pleure à chaque fois que je l'entends. » Et tu as risqué un bref regard aussitôt rentré dans tes eaux intérieures. Juste le temps de saisir son regard à elle. Pour voir.

Et tu as vu : son étonnement, une étincelle de moquerie, mais surtout sa totale incompréhension, le regard légèrement cynique de celle qui se moque gentiment des effusions de sentiments et de tout sentimentalisme. Elle a ri un peu. Et son rire tranchait avec la gravité tragique de la voix alarmée. Elle a ri de te savoir ce rêveur, ce garçon toujours présent à ses rêves purs et éthérés, à jamais séduit par l'appel des sirènes bleutées.

Incompris, un peu blessé de te sentir rabroué dans le monde de tes chimères, rejeté dans ton émotion, terriblement étranger, pourtant, en retour, tu lui as souri.

Parce que Elle. Elle tu l'aimes et d'elle tu aimes tout : son incompréhension, son incapacité à aimer la musique qui t'émeut, son ironie douce vis-à-vis de tes songes. Pas dupe de toi, parce qu'elle te comprend et voit si bien ton attrait pour le monde du beau mélancolique. Et tu l'aimes pour ça, pour sa différence. Parce qu'elle n'a même pas la délicatesse de prêter attention à cet air qui t'enferme dans la détresse des amours infinies. Et tu l'aimes aussi pour ça, parce qu'elle résiste à cet étalage de souffrance et de rêve où parfois tu te noies. Parce qu'il y a cette force rieuse en elle, qui ne peut pas comprendre, qui l'empêche d'être attentive à ça. Parce qu'elle est elle et qu'elle t'aide à avancer dans le réel. Tu lui as souri, de reconnaissance d'être elle. Inchangeable. Tu l'as remerciée en silence, toujours là pour te sauver de tes rêves, parce qu'elle ne t'y laissera pas sombrer. Parce qu'elle a le don de pas prendre tout cela très au sérieux, parce que la vie est un rire, et que tous ces drames, aussi vrais soient-ils, ne valent au fond pas mieux qu'un sourire. Et ton sourire n'était que pour elle. Tu as regardé la sauveteuse de tes illusions en verre et ton regard était tendre. Différente et si nécessaire. Elle, rien qu'elle.

Et j'ai pensé tout bas que vous aviez de la chance de vous avoir, tous les deux.

MÉPRISE

10h42. J'ai claqué la porte et j'ai dévalé les six étages. J'ai cavalé jusqu'à la station de taxis. J'ai hélé, ou plutôt j'ai gesticulé dans la direction d'une des voitures. Le chauffeur m'a ouvert et laissé prendre place pendant qu'il déposait dans le coffre mon sac lourd, bien trop lourd, mais léger pour ses bras qu'on devinait forts.

J'ai dit en trombe que j'allais à l'aéroport, Roissy. Il ne m'a pas demandé où je me rendais si précipitamment. Il n'a pas fait de commentaire. N'a pas questionné sur l'horaire du vol. L'habitude des gens trop pressés, ou le tact. Ça tombait bien, j'avais besoin de discrétion. Il a jeté un coup d'œil dans le rétroviseur, a avisé ma mine stressée, ma faible tentative de sourire crispé, et il a allumé la radio. Pitié pas l'horoscope j'ai pensé : je n'avais pas envie que les astres m'annoncent des désastres en de pareilles circonstances surtout. J'avais envie de garder un peu d'espoir dans le creux de ma poche où s'évertuait en vain à sonner mon téléphone, mis sous mode silencieux. J'ai reconnu le morceau qui passait sur les ondes : le canon de Pachelbel. J'appréciais ce morceau. J'ai toujours eu le goût des belles choses. Le chauffeur m'a jeté un coup d'œil rapide et a confié : « Lors de mon mariage, nous sommes entrés dans l'église sur cette musique. » Je l'ai regardé par l'intermédiaire du rétroviseur central, et il a ajouté, le regard noyé dans l'asphalte : « c'était il y a plus de trente ans ». Comme si cet aveu l'y autorisait, il m'a demandé : « Sans indiscrétion, où allez-vous ? » Avec un demi-sourire j'ai concédé que j'étais justement invitée à un mariage par une vague connaissance. C'était la vérité : à mon grand étonnement j'étais restée dans le souvenir de Fiona. Elle avait rencontré Craig au-delà de l'Atlantique et ils avaient décidé de se marier après quelques mois de vie commune. Elle avait convié tous ses anciens camarades. Matthieu serait peut-être présent. Le prétexte était parfait.. et j'avais besoin d'un prétexte. Je songeais quand le chauffeur pila brusquement au moment où une ombre s'avança un peu trop dangereusement sur le passage piéton. La ceinture de sécurité me scia l'épaule et me ramena violemment contre le dossier.

La musique fut interrompue par l'irruption d'un Flash Info. « La police recherche toujours activement Mathilde Ségaux, 38 ans, disparue depuis lundi soir, alors qu'elle se rendait à l'aéroport d'Orly. Un homme d'une cinquantaine d'années est suspecté. Les recherches se poursuivent en Île de France. D'autre part, nous revenons sur le braquage su siècle : l'affaire qui concerne les bijoux dérobés en début de semaine n'est toujours pas résolue, toute personne susceptible d'apporter des éléments pour faire progresser l'enquête est priée de..». La musique reprit sa marche impeccablement implacable dans l'habitacle devenu imperceptiblement ténu. Je ne distinguais plus que le front de mon chauffeur, marqué par une ride profonde. Une légère anxiété me gagna, et je tentais de me concentrer sur le paysage qui défilait entre le bitume et le ciel grisâtre, quand mon regard fut attiré par le brillant d'un objet sur le tapis de la banquette. Un joyau luisait dans l'ombre ! Il avait dû tomber.. Je me penchai pour l'attraper. Un deuxième coup de frein m'expédia au fond de mon siège. Le souffle court, je constatai en regardant par la fenêtre qu'aucune silhouette ne s'était aventurée sur la route cette fois-ci. Nous étions seuls sur cette nationale. Seuls.

D'un geste preste, mon chauffeur coupa la radio. Un bref instant, nos regards s'interceptèrent par le biais du rétroviseur. Un silence pesant s'empara du taxi. L'atmosphère était en proie à une immobilité insoutenable. La nervosité de cet homme me rendait anxieuse, et il fallait à tout prix que j'aie cet avion.. J'allumai une cigarette dans l'air suffoquant.

« Je vous demanderai d'éteindre cette cigarette immédiatement ». La phrase avait fusé sans appel, appuyée par un regard décidé, un regard vissé qui ne laissait pas le choix. J'obtempérai en silence tout en coulant un regard furtif vers ma montre dernier cri nouvellement dénichée : 10h56. Enfin le taxi arrivait aux abords de l'aéroport. Avec un soulagement non dissimulé, j'inspirai : dans quelques minutes je serais hors de cette voiture, en route pour l'Amérique. Une fois installée dans l'avion je pourrais me détendre et oublier cette course étrange que je réglai en hâte, gagnée par un pressentiment.

En sortant, je découvris avec stupeur des voitures de police sur le parking. Deux agents s'avançaient déjà en direction du taxi, la démarche décidée. Impossible ! L'affolement me gagna. J'étais figée sur place, pétrifiée. Soudain, le chauffeur sortit précipitamment du véhicule, mais trois hommes surgirent de la gauche et l'interpelèrent. Avec la sensation d'avoir frôlé le pire je poussai un soupir de soulagement. Je pouvais encore avoir mon vol, tout était encore jouable. Un des policiers s'approcha, m'informa qu'ils venaient de mettre la main sur l'homme suspecté d'enlèvement dans l'affaire Ségaux et me dit de ne pas m'inquiéter. Quand je levai les yeux vers lui, il eut une réaction de surprise.

Ils ont fouillé le taxi et trouvé l'émeraude qui s'était échappée de ma poche. Ils ont ouvert ma valise, et sans surprise m'ont annoncé que j'étais en état d'arrestation pour vol de bijoux, puis ils m'ont emmenée en direction de leurs voitures. L'une d'entre elles s'éloignait déjà avec à son bord le chauffeur de taxi menotté. Avant de monter dans le fourgon, j'ai saisi mon portable : un message non lu. « Je m'installe à Paris pour quelques temps, qu'est-ce que tu fais du beau ? ça me ferait plaisir de te voir si tu es dispo. Matthieu » Ils ont claqué la portière derrière moi et par la fenêtre j'ai vu s'élever dans le ciel l'avion que j'avais manqué.

Je souris. C'est maintenant que tout commence. Matthieu.

A ma sortie de prison, je l'inviterai au restaurant. Le Ritz. Ou plutôt chez Maxim's.

J'ai toujours eu le goût des belles choses.

SUPERMARCHÉ

Je suis la caissière des caisses rapides ; je regarde les gens qui passent. Ils sont pressés ; il ne se passe jamais grand-chose. Quand je me retourne je vois Moïse et Shérin qui sont assis sur le canapé de présentation qui arbore fièrement sa promo. Je me demande chez qui va échouer ce clic-clac et qui s'affalera dessus sans savoir le temps qu'y ont passé les deux compères en attendant que maman ait réglé les courses pour la semaine. Ils sont là tous les samedis entre 14h45 et 16h. Ils sont très calmes, presque méditatifs, côte à côte sur le sofa, tels deux bouddhas bienveillants.

On voit toute sorte de gens. Le samedi c'est un peu tout le monde : les familles, les retraités et aussi ceux qu'on essaie de ne pas voir. Il y a ceux qui peuvent, grands charriots remplis à ras bords. Il y a ceux qui peuvent moins et ceux qui ne peuvent plus : en général une de rhum, une de whiski et un pack... On sait beaucoup des gens selon ce qu'ils consomment : s'ils ont des enfants –pitch, oasis, oréo-, s'ils se soucient de leur ligne –taillefine, contrex, crème allégée et salade verte-, s'ils vivent en solo –yaourts par deux, œufs par trois, lait en petit format, et beaucoup, beaucoup de chocolat- ou en tribu –steacks pour 12, Chocapic format familial, bouteilles de jus d'orange 2 litres-, s'ils ont une vie sociale intense –noix de cajou, olives, cacahuètes, tomates cerises- ou des compagnons à quatre pattes –croquettes, whiskas-, jeunes parents –bledina et petits pots- ou parents qui veulent rester jeunes –coca cola, dvd-.

On devine aussi comment sont répartis les rôles à la maison selon qui vient, qui s'est dévoué ou qui a rédigé la liste des trophées à ramener. Si c'est lui ou si c'est elle. Le passage en caisse est particulièrement révélateur : on y discerne les organisés des bordéliques ; les légumes et les produits frais sont-ils déposés en dernier sur le tapis ? Les conserves précédent-elles les produits congelés qui précédent les fruits de saison ? Vous avez affaire à un pro de l'organisation incontestablement. Certains osent emmener les enfants : nounou indisponible ou inconscients preneurs de risque. Ils sont rares.

Parfois une solidarité mère-fille se dessine au moment de tout ranger dans le caddie. Souvent de la précipitation, des gestes rapides : on dégaine cabas, carte bleue et carte fidélité d'un seul coup, comme des colts. On pianote le code, la tête ailleurs. On devine à leurs traits comment s'est passée la semaine, si le samedi est un jour bossé ou chômé –cheveux légèrement ternes tirés en arrière en attente d'être shampooinés dimanche-, répit sacré ou galère multiple. On voit leur envie de se soustraire à l'attente nécessaire les jours d'affluence : je le remarque à leurs regards affutés qui scannent brièvement la file d'attente à chaque caisse, en silence évaluent, pèsent le pour et le contre puis jettent leur dévolu sur une file où ils s'empressent de prendre place avant qu'un prédateur surgi sournoisement du rayon surgelés ne la leur dérobe.

Il y a ceux qui errent au hasard des rayons et des envies ; ceux qui suivent la carte des impératifs à ne pas oublier, scrupuleusement. Plus ou moins efficaces. Ceux qui gardent une certaine dignité en toutes circonstances. Ceux qui sont en train de se faire embrouiller par Filou, notre vendeur-démonstrateur, engagé depuis qu'il s'est fait virer de son kebab parce qu'il passait plus de temps à sourire aux filles qu'à plonger les frites dans l'huile.

Aujourd'hui c'est distribution de porte-clés à l'effigie d'une marque de fromage à pâte molle -grasse surtout, si vous voulez mon avis-. Filou arbore la casquette verte et blanche à l'image de la marque : ce n'est pas seyant, mais Filou pourrait porter n'importe quoi, c'est la chaleur de son sourire que les gens retiennent.

LES CROISÉS

Toutes ces vies qui se croisent
Chaque matin
Renouer avec l'espoir
Qu'aujourd'hui ira bien
Essayer d'en faire un jour ensoleillé
Malgré la pesanteur
De nos doutes d'humains apeurés
En mutation
Egarement de nos routes qui se croisent
Entrelacs dans le labyrinthe
De nos détours
Au cœur de nos contours
Mal définis
Conflits
Non-dits
Sous-dits
Qui planent
Mal-être en condensation
Parfois le miracle de se comprendre
Dans l'errance d'un inattendu
Dans la bienveillance d'un sourire
Dans un peu d'onde débarrassée

De nos manteaux d'agressivité et de cynisme
Parfois un éclair lumineux

Des pas qui se traînent
Envie de te dire que moi non plus
Je ne sais pas trop ce que je fais là
Que je ne suis pas sûre
Que souvent j'aimerais être ailleurs
Lasse des affrontements permanents
De vos bagages de bêtises
De vos manques d'envie
De vos rires en paravents
De vos rejets affichés
De vos réactions épidermiques
Si vous saviez…
Le temps passé
Tout ce temps qui passe
Et ne passera qu'une fois
Qu'on file à ressasser vos conneries
A chercher une issue, un compromis
Et chaque jour retourner au front
Avec l'envie d'essayer
Autre chose
Encore
Autre chose
Pour voir
Et peut-être…
Mais combien de temps ?..
Salle des profs
Havre autour d'un café
D'un bonjour

D'une blague
Même mission
Des croisés
On est des croisés
Même combat
Même errance
Pions
Regards croisés
On se comprend
Solidarités silencieuses
Et demain
Demain...
Je sais pas
Vivre au jour le lendemain

LE QUITTER ?

Que faire ?
Le quitter, il fallait qu'elle le quitte
Malgré la sécurité qu'il lui offrait
Malgré le confort dont elle bénéficiait
Grâce à lui
Depuis des années
Malgré les sages conseils
De sa mère
Et d'une autre en écho qui disait
« Nous sommes des femmes, nos choix ne sont jamais
faciles »
Dans un film il y a plus de dix ans,
Cette phrase qui revient
« nos choix ne sont jamais faciles »
Vincent n'avait pas aimé
Ils n'en avaient pas reparlé
Dix ans… Dis-moi..
« Nos choix ne sont jamais faciles »
Envie de vivre plus fort
Envie de prendre le risque
Après toutes ces années entretenues
A la lueur raisonnable de la discrétion

Dans la réalité où étouffent les rêves
Noyés sous le poids de l'habitude
Ereintante
Devenue éreintante
A force d'oubli trop sourd
A force de résignations trop lâches
Le quitter, alors ?
Ce n'est pas toi que je quitte,
C'est la part de moi que je ne peux plus supporter
Trop endormie
Trop lasse
Et alors elle s'imagine
Une vie plus vivante
Recoloriée aux couleurs des étendards retrouvés
A la flamme des passions authentiques
Qui font vivre des instants d'éternité
Qui donnent l'impression
De vivre plus fort
Alors que faire ?
Le quitter,
Pour un autre ?
Où tous les jours de la vie seraient renouvelés
Où vivre aurait un sens plus profond
Et s'écrirait avec une majuscule
Où elle serait
Epanouie, libre et heureuse
Dans l'insouciance rieuse de l'existence
Rendue vivante à elle-même.
Alors, que faire ?
Le quitter,
Ce job ?

Le tromper avec une passion éphémère
Pour la photographie
Les voyages
La défense des opprimés ?
Dire au revoir au confort quotidien
A la sécurité appréciée et sclérosante
A la fin
« Nous sommes des femmes, nos choix ne sont jamais
faciles »
Peut-être que je le quitterai,
Mais demain
Demain…
Alors elle éteint la lumière,
Inspire l'air de la nuit
Une dernière volute de chimères
Une gorgée tiède,
Puis elle s'étale sur le lit accueillant
Réceptacle des songes éperdus
Au fil de ses heures perdues
En diagonale, elle s'étend, se laisse aller à la pesanteur
rassurante
Du matelas
Et dans cette demi-absence
Des soirées en tête-à-tête avec soi
Elle rêve
Elle laisse infuser
Le doux poison des songes immortels..

Elle n'entend pas la vie qui tambourine à sa porte
Et qui, un peu lasse de frapper,
Se retire sur la pointe des pieds.

LE SEL DES EMBRUNS

Le 29 Avril 1712

Long. O. 150° 30'

Si tu lis ces lignes qui ont cheminé par les voies hasardeuses et les courants sans noms, si tu lis ces lignes, chéris-les car elles me survivront.

Je suis le pirate des mers, je suis le corsaire rebelle. On m'a dit qu'un jour peut-être, un jour, on me l'a chuchoté à l'oreille, puis sa bannière a claqué au vent : ma liberté.

Elisa a pleuré quand je suis parti pour l'aventure, celle des vents fous qui ne reviennent pas. Nous le savions trop bien. Et Elisa, malgré tout son amour, malgré elle, malgré moi, je l'ai quittée, un soir obscur où luisaient les lanternes et le roulis sur le ventre des rafiots. Je ne regrette rien, ou alors la douceur des nuits d'été quand sa main en dentelle s'attachait à la mienne. Je n'ai d'encre que mon sang qui roule dans mes veines comme un vin d'Espagne.

Je suis l'aventure. Je viens te chercher. Je suis forban, solitaire et banni. Je suis capitaine qui fomente sa dernière mutinerie. On rira sur le pont et on jouera un peu trop fort des airs oubliés que le vent emportera. Puisqu'à la fin règne sur tout le silence et le rire des mouettes.

On m'a laissé là sur cette terre sans ailes. Les fusées de détresse ont été mon dernier cri de joie : illuminer la nuit, dans un panache de fumée. J'ai vécu au hasard, la roulette russe m'a jeté son sortilège. J'ai pillé, j'ai ravi, j'ai écumé les mers froides et l'océan démonté, j'ai tutoyé les étoiles, gardiennes éternelles de mes rêves à foison. J'ai ri à la fortune et j'ai embrassé ses bracelets dorés. J'ai bravé les caps, j'ai souffert le tumulte et la poudre des canons. J'ai côtoyé la peur, j'en ai fait une amie. Elle ne m'a plus quitté. L'ombre s'étend sur ma vie d'exilé. Le feu à ma pipe rougeoie dans le noir sans appel. Ma barbe est grise du sel des embruns. Je suis seul avec les étoiles. C'est une nuit parfaite. J'ai rendu mes armes au grand commandant. J'ai rangé mon sextant dans son étui de velours. Cette nuit la mer est calme, la flamme vacille à ma bougie et je tremble un peu.

Ils ont pris mon bateau, ils se sont emparés de l'or dans les cales ; il se reflétait dans leurs yeux avides. Ils m'ont désarmé et abandonné sur cet îlot sans nom. La bougie s'est éteinte et je trace ces mots à l'encre de la nuit, à la lueur des étoiles.

Je souris de toutes mes dents, trois sont en or, et cinq en plomb. Ça amusera le vent qui balaiera l'arbre où je serai couché. Ce même vent du soir emportera ce message. Il n'y a pas de petite rivière, pas de mince ruisseau qui ne mène à la mer : cette nuit je tire ma révérence au temps infini. Mon souffle s'accorde au flux des vagues et finira par s'échouer comme elles. J'inspire la plénitude de la nuit, je vais rencontrer l'infini. Mon nom s'effacera, mais mon âme de braise revivra au contact de la tienne. Je suis dans le souffle d'aventure qui te porte et t'attend.

Je ne tiens pas mes promesses, j'ai trop d'honneur pour être gentleman. Je suis la voix qui murmure, le souffle de l'aventure.

Bon vent, camarade ! Que la vie t'entraîne dans ses escarmouches, ses embuscades, sur son flot impétueux, ses îles au trésor, nom d'un boucanier ! A toi sur l'autre rive. A toi le futur.

Gerry Spencewall,

comte de St Amont, dit aussi Forban-Terreur, Claquemuraille et Prince des Lames Sans Fond

son âme farouche,

ses mille ruses

et toute sa ferveur te saluent !

PS : Deux pas de côté et trois pas de danses valent bien l'escouade la plus déterminée.

TROUBADOUR MODERNE

Le voisin du 6eme a les cheveux devant, ciselés par le gel des ouragans ; il a les mains dans les poches de son jean fraîchement tanné ; ses yeux de braises attachés à quelque profond abîme, imprimés sur les tréfonds des pavés ; il se la joue poète des gouttières, un brin romantique, s'épanche sur les flaques où se mire le ciel opaque de son avenir chimérique. Il est poli, d'une nonchalance étudiée. Il souffle dans la poussière et velouté volupté, dans un tourbillon s'évanouit.

Il a l'oeil sombre de l'ardente nuit profonde. La chemise entrouverte sur la force tendre d'un torse aux éclats de miel. Les mèches échevelées, le sourire franc en bandoulière, campé sur ses deux pieds, éclos de la tornade, mouvement figé, il observe, mais pour combien de temps encore ?

Il a dans la tête des refrains endiablés, échos d'une révolte couvée, des airs de fêtes, de boissons à flot déversées, de potes enfumés dans la chaleur des piano-bars. Ses mains subtiles courent toujours sur les cordes des guitares et sculptent d'évanescentes mélopées reprises avec ferveur par les voix enfiévrées de jeunesse, d'alcool et de liberté. Il est épris d'absolu, cherche l'idéal à chaque coin de rue, il est sensible mais il se tait, insaisissable, il se dit tolérant, a dans ses idées des vagues d'espérance, d'amour et d'alarme. Il est beau dans ces élans, purs cris de l'être, où il défend ardemment ces mondes de cristaux qu'il s'est taillé à la pointe du cœur. Il veut que ça change. Il est vrai et il y croit.

Il sourit à la pluie, air de défi. Seule sa guitare a son adresse et la brume côtoie ses pensées secrètes. Il voyage ; les semelles trouées, la tête en aventure, le troubadour en jean court le monde, porté par ses espoirs ineffables, sa soif de voir ; il cherche l'amour, le vrai, le beau.. et il y croit.

Le ciel étoilé lui tire sa révérence dans les champs tendres de rosée où il s'allonge pour écrire ses aubades susurrées.

Il est beau et il y croit.

Il avance dans la tourmente, les accords guident ses pieds nus qui laissent sur le sable l'empreinte souple de ses pas : liberté, amour, bohême.

FILLE DU VENT

Elle n'a pas cette lâcheté facile qu'on pardonne d'habitude aux gentils.

Elle marche la tête légèrement rejetée en arrière, à pas pressés, altière.

Elle met des manteaux qui tranchent avec l'hiver.

Elle a toujours un sac en bandoulière, avec classeurs, rendez-vous, téléphone et tickets pour ailleurs.

Elle fraye son chemin comme les danseurs.

Elle traverse au rouge, sa féminité qui s'esquive pour visa.

Elle se fait peur pour le plaisir d'en rire.

Elle a ces regards mutables, entre révolte et franc étonnement.

Elle aime rires et larmes ; vivre sensible.

Elle a cette humanité compatissante qui ne s'apitoie pas.

Elle jongle avec trois casseroles sur le feu pendant qu'elle regarde les vies édulcorées des téléfilms sucrés.

Elle a des peluches sur sa couette et les notes d'un parfum masculin sur son oreiller.

Elle n'a pas peur de la vie ; le train file, et elle part avec lui.

Prête pour tous les départs.

Elle étire le temps de ses journées, car elle dit que la vie est trop courte pour se reposer.

Quand ça ne va pas, elle fatigue ses soucis en usant ses baskets.

Elle a cet humour un peu cynique qui fuse sans qu'elle y pense, et aussi de soudains désespoirs.

Elle a plein de chez-elle qui aiguillonnent ses boussoles et des présences amicales pour amortir ses doutes troubles.

Elle a des amours secrètes et plein de contes à l'heure des rêves.

Elle a confiance dans cette jeunesse qu'elle croise lors de ces regards qui disent « T'existes pour moi. » ; elle sent qu'ils se comprennent, avec cette solidarité complice dans l'incertitude du présent, ces sourires qui sont indulgents et dévoilent une maladresse touchante. Combien de temps avant les grandes certitudes et l'impression d'être « quelqu'un » ? Elle voudrait leur dire de garder cette disponibilité aimable, que les grands enrôlés dans leur vie morne semblent avoir perdue. Avec eux, elle se sent bien.

Elle promène ses pas éperdus dans les rues égarées.

Elle a des mélodies d'espoir et quelques accords de cordes frôlées qui rythment ses escapades et ses envies jamais assouvies.

On l'appelle mademoiselle et on la trouve jolie. Elle n'y croit jamais, mais elle sourit en continuant sa route, et elle ne sait pas que c'est pour ça qu'elle est belle.

Elle est dans les chansons sur ces fugitives qui inspirent les poètes en mal d'aventure.

Ils ne savent pas qu'elle lutte pour cette vie-là, pour cette liberté farouche qu'elle tente d'apprivoiser pour rester cohérente avec elle-même.

Ne savent pas qu'elle ne les laisse pas par mépris, ni par foi aveugle dans un absolu hors d'ici, dans un ailleurs qui serait plus attrayant. Elle sait que la seule vie possible est ici. Mais elle choisit d'être cette passante, petite présence amicale, le temps d'un sourire, parce qu'elle sait que pour l'instant elle ne peut pas donner plus. Alors elle préfère être cette présence fugitive qui s'éclipse. Distribuer un peu de son bonheur de vivre et partir. Pour l'instant. Elle attend d'être prête pour oser être plus, et les laisse continuer dans la ronde de la vie qui s'éprouve.

ON THE ROAD...
AGAIN ?

Elle avait déjà bousculé quelques bagages enflés et semé des excuses sincèrement exagérées. Elle veut juste ne pas se faire remarquer, ni en mal ni en bien. Elle veut juste atteindre sa place, vérifier frénétiquement que le numéro correspond à celui de son ticket poinçonné déjà dix fois : cinq fois en imaginaire avant de l'avoir fait et confirmé autant de fois par la suite par un regard inquiet soulagé aussitôt. Avoir le bon numéro, être au bon endroit au moment qu'on lui a assigné, être en règle pour être tranquille, avoir sa place et la bonne conscience de l'occuper légitimement. Pouvoir s'extraire de l'allée bruyante des gens compactés et de leurs soucis encombrés pour se poser et se détendre, enfin.

Voiture 13, place 44, couloir : tout concorde. Les roues du destin semblent s'être ajustées. Tout concorde : la place, le carton jaune de réservation, le numéro imprimé sur son ticket, et un fauteuil. Miracle du réel organisé.. Non, il n'y a pas de miracle :

l'ordre est troublé. Quelqu'un occupe déjà la place 44 côté couloir, pour le confort de pouvoir s'offrir une brève respiration, un répit dans cette jungle citadine. Un grain de poussière à éluder d'une parole et le règne de l'ordre lui permettra de se poser, enfin.

Alors elle dit de sa voix contrite, qu'elle est navrée, qu'elle est à cette place, billet brandi à l'appui, avec l'espoir que cette preuve infaillible suffise à déloger l'usurpateur. Elle se tient légèrement derrière lui et le jeune homme se tourne vers elle, se lève en empoignant son sac, un gros cabas jaune à fleurs roses qui sonnent les derniers éclats de l'été. Elément incongru, originalité affichée ou négligence revendiquée ? Il se lève et déjà elle ne sait pas qu'elle ne le voit plus. Elle prend avec soulagement possession de son espace : elle étend les accoudoirs, elle réajuste ses cheveux, tire un peu sur le bas de son pantalon, déboutonne sa veste. Elle s'appuie sur le dossier rembourré et s'offre une courte respiration.

Quelques minutes plus tard, alors que sa voisine sacrifie un énième mouchoir à son rhume tenace, quelqu'un vient occuper la place dont elle est séparée par l'allée.
Bien qu'absorbée dans sa lecture, son regard est touché pour le jaune chatoyant du sac qui pend à sa hauteur.
Il n'a pu trouver de place et il s'est rabattu sur celle qui voisine la sienne, hasard.
Elle dirige son regard vers lui comme pour confirmer l'évidence et il en profite pour lui demander si elle

pourrait lui prêter un stylo, s'il vous plaît. Elle fouille avec frénésie à la recherche d'un stylo assez neutre pour être présentable, et le stylo bic, "ce verdâtre ?" demande-t-il, "le reste ne sont que des stylos fantaisies" répond-elle, devrait convenir.

Puis elle se repositionne confortablement dans le fauteuil et ses yeux caressent les mots de Nietzsche durant quelques minutes.

Puis une fatigue se fait sentir, et imperceptiblement, elle passe sur les mots sans les lire et déjà ses yeux ne lisent plus que le blanc des pages et aussi un regard qu'elle sent s'attarder sur son visage, depuis l'autre côté de l'allée. Observation et feinte nonchalance : il la regarde et elle tente de faire comme si. Comme si c'était sérieux, la vie. Comme si elle était détachée de ce monde, comme s'il y avait cette grâce naturelle dans sa main qui vient doucement replacer ses cheveux derrière son oreille.

Alors qu'au fond, elle est intriguée par ce regard qui la frôle discrètement.

Encore de longues minutes à la vitesse des rails, dans cette douce incertitude. Précieux instants, et le train file vers ailleurs. Tranquille éternité avant l'arrivée et d'autres au revoir. C'est le voyage qui compte, et cet instant, là : un début balbutié, ce rien et tout à la fois. Et ça suffit pour vivre.

On the road again ? Ou pas.

Juste on the road, là, maintenant, et ça suffit à la vie.

BALLET MASQUÉ (BAS LES MASQUES)

Et B. daigna enfin apparaître. Elle surgit et s'imprima nettement sur les hautes tentures en pâmoison et dans les pupilles de W. ; elle déchira son regard à jamais.

Elle avait la tête rejetée en arrière, brisée par un éclat de rire mort sur ses dents découvertes, sur sa bouche obsédante, résolument étirée. Cette blancheur figée et mise en lumière par le carmin assassin dont elle avait d'un geste preste et parfait embrassé ses lèvres intrigua W. Ce masque d'émail qui clignait au milieu du visage sidéré dans son étirement maxillaire maximal le narguait. Narguait la vie même, comme insigne de la mort irrémédiable. Il ne resterait rien de la B. qu'il contemplait, rien que des os blancs qui clignaient déjà en toile de fond sur son visage. Ces dents offertes par la joie du rire rappelaient, dévoilaient l'inéluctable fin : celle d'un corps dénué de chair surmonté par un crâne au sourire éternel. W. éprouva une fascination pour ce clin d'œil, lapsus au milieu de la joie manifeste. Cependant B. cessa soudain son étirement jovial et les commissures se détendirent, immergeant l'émail poli ; B. semblait s'abandonner à une rêverie ou revenait hébétée de son élan de rire. En sursautant un peu, ce qui fit voltiger les grosses perles nacrées de son collier, elle glissa une main nerveuse dans ses cheveux, qui se sculptèrent en un chaos ravagé de mèches entremêlées, à demi dressées ou rabattues sans hâte et rembobinées avec ardeur. Tel un pantin dégingandé, elle se noyait dans ses talons hauts, dans une démarche lascive et pitoyable.

Cependant W. éprouva beaucoup de sympathie pour elle, elle à moitié debout alors que les autres se tenaient droitement sur leurs pieds rivés au plancher de la satisfaction. Elle qui titubait au milieu de la valse ordonnée de l'élégance, du paraître et de la fausseté. Elle qui décoiffée et sourde au monde riait pour elle, pendant que les guindés dans leur moule d'attitudes bienséantes parlaient du coin des lèvres et pépiaient misérablement de la langue des louanges honnêtes. Elle qui seule et sans appui trahissait toute l'hypocrisie de ce monde qui veut jouer à être beau et souvent ne parvient qu'à être cruel. Elle dont l'éclat pourfendait celui des bijoux polis et arborés en toute fausse modestie.

Elle est libre mais seule, songea W. Moi aussi, je suis seul et je trompe ma solitude en entrant dans leur danse rectiligne. Il les balaya, tous à l'œuvre dans leur comédie de l'être, se parlant pour se sentir exister, raillant ensemble, plein de rancœur et d'amertumes. Des frustrés engoncés dans leur personnage.

Une pression douce sur son avant-bras le

ranima d'un coup. D. lui tendait une coupe de champagne. Comme elle le regardait d'un sourire qui cachait une connivence, il lui sourit en affectant un air calme et disposé, censé lui assurer qu'il allait bien. Malicieusement, elle cligna de l'œil doré cerclé de noir et lui glissa : « Tiens, je l'ai chipée pour toi, ça te fera du bien ! Je sais que je ne dois rien dire, mais bon, elle est vraiment superbe M. !

-M. est toujours très belle.

-Oui, mais là.. Enfin, je me tais, tu auras la surprise. Bois, ça va te détendre, un peu. »

Elle lui désignait la coupe où les bulles montaient en de voluptueuses promesses avant de s'épancher au bout de son doigt verni.

« T'inquiète pas, ajouta-t-elle, ça va passer. Moi aussi, qu'est-ce que j'étais tendue le jour de mon mariage avec F. ! »

Il venait de recevoir le choc de la réalité nue. Il se sentit mal à l'aise ; pour masquer son trouble, il lui lança un regard qu'il voulut le moins crispé possible et happa d'un geste énergique les bulles qui rigolèrent dans sa gorge à lui en donner les larmes aux yeux.

Elle se dit que décidément, W. avait beau être attendrissant, elle ne pouvait s'empêcher de le mépriser un peu : il n'arriverait à rien avec un tel excès de questions intérieures. Un rêveur doux-amer. Il la déconcertait. Ses silences absents, ces moments où il semblait échapper au monde et se soustraire à l'existence la renvoyaient à son incapacité à apprécier le silence et l'inaction. Il l'agaçait dans ces instants où une envie rageuse la gagnait d'être méchante et de le gifler d'une pointe acerbe. Elle lui en voulait de fuir là où elle ne pouvait l'atteindre. Comme s'il lui dissimulait ainsi une part de lui-même à jamais insubmersible.

Elle frôla le serpent de lumière à son poignet. L'anneau répondit à son annulaire en une connivence glacée. Elle contempla un instant ces chaînes qu'elle avait choisies, puis comme un léger dégoût d'elle-même, de sa vie tracée, lui montait aux lèvres, elle le mit sur les huîtres peu fraîches que le traiteur avait dû négliger.

Elle aperçut cependant F. derrière la table immaculée, souillée des miettes grasses et des auréoles violacées des verres déjà vides. F. aurait pu être beau s'il s'en était donné la peine ; il se contentait d'être charmant. Avec les autres. Il avait cette nonchalance étudiée qui lui permettait de s'exprimer peu tout en étant présent par un geste preste, un regard à l'éclat unique qui brillait de franchise. Elle ne put s'empêcher de le détester alors qu'il offrait à tous son sourire agréable. S'ils connaissaient le tour carnassier que pouvaient prendre ses incisives parfois...

Le dégoût froid renaissait en elle. Elle triturait mécaniquement le filin d'acier à son poignet.

Elle s'éloigna de quelques pas sur ses aiguilles aiguisées par la rage soudaine.

Elle percuta d'un coude assassin un boa fleuri qui riposta par une morsure acérée dans ses côtes ; mais la douleur ne l'atteignit pas.

Le boa défroissa ses fanfreluches offensées et vint

dissimuler une main aux crocs teintés de couleurs. Les yeux un instant brouillés de J. reprirent leur bienveillante intention. Elle s'extasia devant l'esquisse de virilité en germe qu'elle devinait chez le garçon entre deux eaux et malhabile qui lui souriait poliment, parce qu'on lui avait appris, tout en s'insurgeant contre ces codes absurdes qui s'effilochaient d'un rien, comme son costume qui l'étriquait un peu. J. ne l'avait pas vu depuis longtemps déjà, mais il ne devait sûrement pas se souvenir d'elle, c'était il y a seize ans, il n'était qu'un bébé à l'époque, mais voilà qu'il était un beau jeune homme maintenant. Elle insista sur l'épithète en haussant le sourcil. Il le reçut comme une promesse ensoleillée ; immédiatement il se souvint de I. qui se servait du punch translucide, de son regard fuyant et de l'ironie de son sourire ; il n'avait pas su quoi lui dire...

J. s'était déjà détournée de l'adolescent qui l'attendrissait dans sa candeur et les tourments qu'elle lui supposait, lui enviant cette fragilité, cet état de quête au seuil de la vie encore mal fagotée. Elle aurait volontiers épaulé le jeune homme dans sa quête de lumière, mais elle devinait que l'adolescent s'enorgueillit à s'engager seul à la rencontre d'un sens et d'un soi. Elle retourna donc dans l'ombre d'où elle avait surgi, respectant le champ de liberté qui devait s'étendre immense face à lui, afin qu'il choisisse lui-même où il mènerait sa bataille.

Elle se trouva aux côtés d'une fillette qu'elle appela R., comme si c'était une évidence. Cette dernière rectifia pour la dixième fois qu'elle se prénom-

mait K. et qu'elle était la fille de R. . Catégoriquement
et la tête ailleurs, J. lui asséna comme la centaine de
ses prédécesseurs qu'elle avait trait pour trait le visage de sa mère à son âge. R. était très jolie à douze ans.
K. qui avait treize ans répondit par un sourire crispé,
tout en pensant aux larmes de sa mère sur la toile
cirée de la table. Hier soir.. et aujourd'hui cette farce
colorée. Elle se promit qu'elle ferait tout pour être
heureuse.

LE TEMPS RETROUVÉ

Il y avait du soleil, le bruit des conversations attablées, les rires un peu forcés de la fin d'après-midi. Il y avait les assiettes tartinées de sauce étirée et les miettes qui picoraient les vêtements. Il y avait des raclements de chaise, et des interpellations un peu ivres. Il y avait les gorgées étanchées dans les boissons tièdes et les décolletés de printemps un peu affaissés. Il y avait les serviettes en charpie ou en bateau délaissées sur la nappe. Les gamins jouaient ailleurs, dans des cris de peaux-rouges menacés. Les voyeurs les suivaient, caméra goguenarde au poing.

Il y avait l'humour tranchant des ados en cercle, et la tension d'une partie de tarot, où le monde se jouait mollement. Il y avait la lassitude des grands, et leurs regards fatigués d'une douce somnolence. Il y avait les intimes, exclusifs, les chaises pivotées, incurvés vers leurs confidences susurrées. Il y avait ceux qui regardaient, fascinés et amorphes, la conversation paresseuse. Il y avait les blagues un peu sordides, suivies des esclaffements franchement exagérés et des dubitatifs « j'ai pas compris.. ». Il y avait un air dont les accords s'entêtaient à résonner jusqu'à l'épuisement du mélomane.

On parlait, on faisait le point, on raillait gentiment, on demandait des nouvelles, on parlait futur proche et avenir lointain pour revenir à « on verra bien », le verre porté aux lèvres. Tout tintait : les voix, les couverts, le champagne mariné. Il y avait les arbres penchés autour et les bouquets assoiffés qui froissaient sur la table. Il y avait le vent léger qui n'osait pas encore déranger, sauf quelques mèches remises en place par une main inquiète.

Il y avait la légèreté abandonnée de la satisfaction des estomacs, et les restes décimés, gentiment délaissés du bout de la cuillère. Il y avait les noyaux de cerises triées au bord, et les bouteilles débouchées, bouchons égarés roulés parmi les pieds languissants. Il y avait les présences gentilles, côte-à-côte sans se parler. Il y avait la moiteur des tissus et les auréoles violacées des verres reposés. Il y avait un peu de temps passé, et beaucoup d'anecdotes. Il y avait cette curieuse harmonie des fins d'après-midi, et cet ensemble en peu englué qui suintait un parfum de doux laisser-aller.

RIRE BRISÉ

Derrière le rire des ados, il y a toute cette fragilité qui ne veut surtout pas se laisser voir.

Rire de tout, tout tourner en dérision avec un cynisme appuyé, afficher sa désinvolture et son détachement, cacher sa gêne derrière des éclats forcés. Faire bouclier à toute sa vulnérabilité, à toutes ces incertitudes en soi. Les combattre en affichant des certitudes tranchées, catégoriques, ayant l'assentiment du groupe des frères, compagnons de transbord.

Ces rires effrontés qui éclatent, qui traînent un peu, qui piquent, et sonnent comme un sanglot d'enfance. Ce franc rire, barricade défensive à tout ce qui déconcerte. C'est une arme blanche, écho du regard acéré de l'ado sur le monde, dont il n'est pas dupe, dont il se refuse furieusement à être dupe : il ne laisse rien échapper à ses avis meurtriers, qui disent combien son cœur est meurtri, combien il doute derrière sa désinvolture affichée. Rire pour se rassurer, pour exister un peu, pour refuser, et se parer de son armure de certitudes, rire terriblement intolérant, pour nier son innocence avec fracas. Rire qui dévoile toute cette insécurité intérieure, cette peur du monde, mais il ne le sait pas.

Sourire dents cassées de s'essayer à la vie. Rire qui dit tellement toute cette fragilité, dans cette quête de soi, au seuil de la vie. Ado sardonique : rire blessé, tranché aux tessons des bouteilles. Rire cru, rire cruel, parce qu'au fond il perçoit le monde comme tel. « Le monde est terrible, et je suis faible ; alors je vais moi aussi devenir terrible, et cruel : se sera ma réponse au monde, à ses agressions sur moi, je rirai au nez du monde, pas dupe de sa cruauté. », raisonnement de l'ado désillusionné, ou qui veut se persuader qu'il l'est.

Combien de temps avant de s'apercevoir qu'il n'a pas besoin de sa carapace défensive, toutes dents dehors, que le monde est prêt à accueillir sa fragilité, que vivre c'est tolérer, qu'on peut exister sans être systématiquement « contre » ? Encore quelques années pour passer de la figure blessée au rire brisé, à celle de l'adulte, au regard tolérant parce qu'il a acquis une sérénité intérieure.

ROYAL FAMILY

De Harry à William :

« Tu as fait ton choix, et tu les as choisis, eux, depuis longtemps.

De toute façon, le choix était fait, et depuis toujours ; tu es le beau, le bon, le brave, et moi je suis le raté, le guignol, celui qu'il faut surveiller, celui dont on se méfie. Tu es le sourire, je suis la grimace, le diable, le garnement. Prends garde que je ne t'encanaille.

Tu es le plus beau, le plus grand, le.. Parfait : ils le pensent tous, et l'ont tous dit au moins une fois. « Ah, si seulement, Il pouvait être aussi sage que son frère, si seulement Il était aussi calme que lui ! » Dans un soupir, car ils savaient bien que c'était perdu d'avance. Et non, non, je ne sourirai pas parce qu'on me dira de sourire, et non, je ne serrerai pas les mains d'inconnus rampants parce que la règle l'exige, non, je ne prendrai pas cet air grave et affligé devant les malheurs du monde dont je n'ai que faire ; parce que je le refuse, tu entends, je le refuse, ce protocole ignoble et ingrat et stupide, toute cette pompe, ce théâtre de marionnettes, où on nous fait croire à notre importance. Tu parles : tout ce qu'ils veulent c'est du convenu, des convenances, un peu de tenue, mon cher. Et surtout, surtout, faîtes ce qu'on attend de vous.

Ce monde, je le vomis. Oui, je l'abhorre, je l'exècre. Un monde de mensonges. Roi, oui, roi des menteurs.

Je les hais, je les hais comme je déteste ce passé qui m'enchaîne à eux et que je n'ai pas choisi. Je veux tuer le passé.

Et ils t'aiment, ils t'aiment pour ça ; parce que tu acceptes leur manège en silence, parce que tu entres dans leur danse, parce que tu te plies à tout, sans rien dire, sans rien souffler. Je n'ai pas ton abnégation, je n'ai pas ta patience. Je ne les aurai jamais, et je veux avoir l'égoïsme de mener ma vie, la seule, la mienne, comme je le souhaite. Je n'ai pas ton sens du sacrifice, du don de soi. Et toi aussi, tu aurais le choix, si tu le voulais. Si tu osais le vouloir. Mais non, tout est décidé depuis si longtemps..

Tu te rappelles ce qu'on se disait enfants ? On riait d'un vrai rire en ce temps-là, un rire franc et clair, quand on faisait la course dans la grande allée et que rien ne comptait plus que d'arriver premier près des groseilliers. Quand maman nous criait de ralentir, parce qu'elle avait peur qu'on chute sur les margelles de pierre, et qu'alors on se mettait à courir plus vite, parce qu'on savait qu'elle regardait, et qu'on voulait briller un peu dans son regard. Et peu importait au fond qui arrivait premier : on recommençait la course. On s'en fichait pas mal quand on se battait dans les groseilles dans le soir vacillant. Le monde était à nous, alors. On ne savait pas.

Je ne savais pas.

Que tout allait changer.

Que tu serais appelé à ces hautes fonctions, qui impliquent de si hautes et si pesantes responsabilités ; qu'on m'aurait voulu bien obéissant et bien sage, comme tu l'étais, comme tu l'as toujours été n'est-ce pas ? « Prends donc exemple sur ton frère. » « Fais preuve d'un peu de patience, comme ton frère. » Combien de fois, combien de fois ces phrases, ces remontrances pour me faire entrer dans le cadre qu'ils avaient dessiné ? Petite prison de verre. Cage aux barreaux dorés.

Je n'ai jamais pu : être comme toi. Peut-être que si j'avais eu, moi aussi, quelqu'un à protéger, quelqu'un à rassurer, si moi aussi j'avais été le « grand » de quelqu'un, peut-être qu'alors les choses auraient été différentes ; Mais, non, je resterai le petit, le dernier, le second, le turbulent, celui qui pose problème, qui pique des colères auxquelles personne ne comprend rien, et qu'on se refuse à comprendre : c'est tellement plus facile. Je suis le gravillon qui vient enrayer la mécanique, je suis le grain de sable qui se glisse dans les rouages huilés et fait tout dérailler.

Et c'était tellement plus simple pour tout le monde : chacun son rôle. Tu étais le modèle. J'étais le bouffon. Tu étais prudent, j'étais l'écorché, qui revenait avec des cicatrices de nos excursions, parce que je me risquais toujours un peu trop loin.

Les cicatrices, aujourd'hui, elles suintent encore.

Être l'éternel second, le deuxième, être une pâle copie d'un modèle sans jamais parvenir à l'égaler. Car quoi que je fasse, j'étais toujours en-dessous, inférieur, sans comparaison avec toi. J'ai préféré inventer ma propre voie. Tu étais sage, je suis devenu insolent ; tu respectais les règles, je les enfreignais toutes ; tu avais de bonnes notes, je m'appliquais à rester au fond ; ainsi, plus de comparaison possible : tu avais ton domaine : l'excellence, où tu te débrouillais très bien, et j'avais le mien, où je touchais à la perfection : la rébellion.

La bêtise aussi. Mais tout ça, c'était un stratagème de gosse, toutes ces conneries c'était pour avoir un peu de leur attention, exclusive, rien que pour moi. Quand maman me grondait, elle t'oubliait un peu, et elle s'adressait à moi seul alors. Elle me regardait, un peu furieuse, et je voyais dans ses yeux le désarroi et l'inquiétude. Alors j'éclatais en sanglots, parce qu'au fond, c'était un peu d'amour que je voulais, juste un peu d'amour que je mendiais en arrachant les tulipes de Grand-Mère, ou en massacrant mes jouets. Et les rares moments où elle me regardait, c'était de ses yeux plissés de reproche et légèrement tristes. Encore une fois, je l'avais déçue et ça me crevait le cœur, mais je ne pouvais pas lui dire que ce que je cherchais alors c'était juste un peu de chaleur dans ses yeux. Elle me prenait dans ses bras, pour consoler ce qu'elle ne savait pas.

Et ce n'était jamais assez. Jamais. J'étais insatiable, je cherchais l'amour, quelque part dans ces bras qui me serraient et qui ne comprenaient pas.

J'ai fini par admettre, bien-sûr, que c'était une espérance vaine, que j'en demandais trop, que personne
ne comprendrait. Et j'ai grandi, avec cette faille, qui
me déchire encore.

Le pion a compris à présent, qu'il n'avait rien à attendre de ce cadre stérile, dans la froideur figée de
ce décorum où manque l'essentiel. Alors le pion se
dégage tout seul, voilà : il s'en va, il vous laisse place
nette sur l'échiquier, il se met hors-jeu de lui-même.
Vous n'avez même pas à vous donner la peine de
l'éjecter, il se congédie. Il part blessé, plein d'amertume, mais vous ne lui laissez pas le choix : il a passé
trop de temps à s'abîmer ici, et il doit partir pour ne
pas succomber. Il doit partir pour son salut, doit quitter l'arène tâchée de son sang versé inutilement. J'ai
mal, mais je ne peux plus vous souffrir.

Et une fois de plus, ils ne comprendront pas : se
demanderont avec une anxiété feinte quelle lubie a
pu me traverser l'esprit. L'espace de dix minutes, histoire de se donner bonne conscience, puis ils passer-
ont à autre chose, sans effort. Sans effort. Je ne manquerai à personne, tu sais. Ils ne se sont jamais soucié
de moi, jamais vraiment. Ils ont fait leur devoir, parce
que c'est tout ce qu'ils savent faire : s'acquitter de
leurs devoirs, ô devoirs sacrés devant l'Eternel ! Ah,
foutaises ! Mais je m'en fiche à présent. J'ai trop compris que je n'ai rien à attendre, depuis trop longtemps.
J'irai promener mes blessures là où j'aurai moins l'impression qu'on se plaît à verser de l'acide dessus.

Je pars. Tu ne me reverras plus, et je ne te manquerai pas tant que ça, tu verras. On s'habitue, même à l'absence. J'ai toujours manqué de tout, je suis bien placé pour le savoir.

Sois heureux, si tu peux. Fais-leur honneur, comme tu as toujours si bien su le faire. Moi, je disparais. Adieu, ami. »

Réponse : De William à Harry

« Harry,

J'ai envoyé cette lettre chez J. en espérant pouvoir t'atteindre par son intermédiaire. Tu es peut-être déjà loin, ou peut-être tout proche. Ne pas le savoir, ne pas savoir où tu es, me plonge dans une tempête que tu ne soupçonnerais peut-être pas.

On n'a jamais su se parler, je crois, toi et moi. Toujours à la lisière d'une incompréhension, à la frontière d'une explosion ; tu partais toujours avant l'orage, tu te retirais du jeu en silence avant que ça n'affleure, me laissant seul avec les non-dits, les sous-dits, qui retentissent plus fort que le silence et tout ce qu'on peut bien se dire. Et j'étais seul à essayer de reconstituer le puzzle de tout ce qu'on ne s'était pas dit et qui hurlait ou murmurait sa peine ou sa colère selon les moments. Les minces pièces que tu voulais bien m'abandonner étaient minces, trop minces ; je n'ai plus cherché à comprendre.

On s'est perdu de vue ces dernières années. Je n'ai pas fait de pas vers toi, parce que tu me semblais un lion blessé, en proie à tellement de colère, tellement de rancœur, prêt à mordre toute main tendue. Je n'ai peut-être pas fait assez l'effort de comprendre ta douleur, c'est vrai. Je suis passé à côté de toi, on ne s'est pas vu ces dernières années. Tu me semblais si différent, si secret, je n'osais franchir les barrières que je te croyais voir ériger et qui n'étaient peut-être au fond que des appels à les démolir. Je ne sais pas.

L'enfance était plus simple, c'est vrai, quand Maman était là. Puisqu'on n'en parle jamais, mais c'est tellement vrai. Elle essayait de faire le lien, elle a toujours essayé de faire le lien. Et on se retrouve soudain comme deux pantins maladroits, à essayer d'être des hommes, à jouer à être des hommes, alors qu'on sait à peine se parler -je suis sûr que ça te fait sourire-. Chacun encagé dans son rôle. Toi et ta figure balafrée de rebelle, qui cherche juste à se faire aimer en donnant des coups par peur d'en recevoir. Moi et cette soi-disant responsabilité, ce recul, cette sagesse qui fait que je ne m'emporte pas mais qui, je peux te le dire, est parfois une forme de lâcheté, je le sais. Tu sais, je joue le responsable, mais je doute, plus que tu ne le crois. Je ne peux pas le montrer, mais je doute énormément. On grandit peu au fond. Et j'envie parfois cette fougue qui te fait trépigner, éclater, claquer les portes dans un élan furieux. Je ne m'autorise pas ça. Tu pourrais m'apprendre ; tu m'apprendras ;

peut-être. Pas maintenant. Plus tard, un jour, quand la tornade moins forte, on se reverra. Puisqu'on se reverra ..?

Pour ma part, je veux croire qu'on se reverra. J'aurai besoin de te voir. Harry.

Tu pars. Tu as pris la décision de partir. Tu dis que c'est mieux pour toi ; ce dont tu as besoin en ce moment. Je ne sais pas quoi te dire. Je n'ai jamais su si tes fuites étaient des appels à te retenir, une façon de tester le lien, d'en éprouver la force, ou bien au contraire un rejet complet, sans retour, une rage qui devait s'apaiser ailleurs, loin, avec la volonté sourde de ne plus être relié à tout ce qui te lie ici, que tu le veuilles ou non. C'était peut-être les deux à la fois, sûrement d'ailleurs. C'est ce que je crois à présent. On est toujours maladroit ; on comprend, après coup ; on réalise, plus tard. Je suis désolé d'être lent. J'aimerais quoi qu'il en soit, penser qu'il n'est pas trop tard. Que dire ? Les mots semblent tellement dérisoires, mais si importants en même temps. Je t'imagine, lisant cela, un vague sourire, un pli d'ironie au coin des lèvres, parce que tu mépriseras peut-être ces paroles qui viennent un peu tard, j'en suis conscient. Mais c'est la première fois qu'on se parle depuis longtemps, je crois. Depuis...Tu sais bien. On ne se parle peu, pas dans cette famille. Cette pudeur...j'ai toujours eu du mal à savoir si c'était une qualité ou un défaut. Parfois je me suis demandé si ce n'était pas un prétexte pour cacher un manque réel, une absence de capacité à éprouver, à ressentir. Mais on est petit devant ses émotions parfois : il faut un peu de courage pour oser les vivre et les assumer. On n'a pas celui-là : on préfère la force de tirer le verrou même si on se coince les doigts dedans : on a appris à détourner les yeux, en silence, sans un cri ; un peu de sang sur le pourpre de nos manteaux ne se voit pas tant que ça, si on a choisi de regarder ailleurs. Maîtrise, maîtrise.

Je sais que tout cela t'insupporte ; toi, tes élans, tes irrémédiables irréconciliables, tes excès, tes envies. Toi qui veux faire sauter les barrages à coup de dynamite. Je crois que pour ma part je préfère ne pas savoir s'il y a quelque chose derrière ces montagnes d'acier : trop peur d'y découvrir le vide, le vide sidéral et d'avoir le vertige. Et toi tu veux lever le voile, au risque d'être aveuglé. Je te respecte aussi pour ça : tu vas au bout des choses. Plus que je n'irai jamais. Je suis trop attaché au confort des fausses certitudes. Je crois que ça t'agace, que ça t'exaspère même, mais je suis comme ça, j'ai appris à vivre comme ça. Peut-être que j'évoluerai, à ton contact. Qui sait ?

Je te souhaite de retrouver ta route. Je ne te dirai pas d'éviter les ornières, les rochers et les dunes : je sais bien que c'est inutile, que tu te riras de mes précautions, que tu ne m'écouteras pas et que ce sont ces risques qui feront pour toi la beauté du chemin. Pense tout de même à revenir de temps en temps. Je pense à toi.

William

PS : Grand-mère a fait replanter des groseilliers au

fond du jardin ; ils n'attendent que toi et moi pour être décimés à nouveau. Ne les laisse pas attendre trop longtemps, elle est capable de faire des confitures pour dix générations ; j'en ai déjà la nausée. Je ne sais pas si je te laisserai gagner cette fois-ci.

Je pense à toi.

Il faisait calme et clair quand la pelisse noircie d'ombres trembla à la surface du lac sans nom. Silencieuse, elle glissa, nappe de velours, happée par l'onde sourde.
Il la but sombrer dans la vase flasque.
Il garda pour lui sa larme écumante, tourna les yeux vers l'horizon vacillant, eut un rictus égaré, quand l'eau noya les tentacules de son malheur. Dérisoire, tout est si dérisoire, pensa-t-il amèrement, même la souffrance. Et pourtant, je saigne.
Il rit pour lui, comme à regret et par défi. Sans trône, et sans reproches, le visage lézardé, et les mains nues, il inspira l'air rouge des pleurs de la nuit, ramassa son corps las pour s'éloigner du rivage à pas lourds, entravés des secondes suffocantes d'asphyxie lancinante, empesés d'agonie différée.
Rescapé des lames mystérieuse, il gravit lentement le talus qui se déversait sur la rive errante, abandonnant la boue de ses talons sur l'herbe luxuriante.
Ecroulé sous la pesanteur des muscles qui chancellent de leur propre force, hagard, il gravit la colline où se dérobait la dernière flamme de la lumière fauve du

soir.

Tout son être incendié criait l'agonie, lorsqu'il arriva au sommet. Son ombre muette frémit, un instant, dans l'atmosphère épurée de la nuit constellée. Il goûta la poussière des astres, un vent doux affleura ses sens et se fit l'écho de son souffle apaisé.

Dans l'air sans voiles de la pénombre ourlée, loin des rives aqueuses, loin du passé meurtri, dépouillé et seul compagnon de lui-même, avec au cœur la rage invincible d'un espoir inconnu, il alla recommencer ailleurs, la course de l'existence.

Abîmé dans l'effort de chaque pas, la conscience claire sous la lune assoiffée, solitaire et libre, il avançait.

Libre et seul en lui-même, dans ce corps où gémissait la vie victorieuse, il marchait dans les ténèbres amies, et les ombres dans sa tête s'étaient tapies. Demain serait neuf.

Demain serait beau.

Je suis en vie.

JE NE VOUS AIME PAS MADAME K.

« Je ne vous aime pas Madame K. »

Uppercut. Madame K. est surprise, et en même temps, guère étonnée : elle va pouvoir se faire un vif plaisir de médire durant des heures interminables à propos de son patron pendant au moins une semaine entière auprès de ses copines. Elle imagine déjà le coup de fil assassin qu'elle passera ce soir à Chloé : « Alors tu ne sais pas ce qu'il a fait ? Eh bien, il se pointe comme ça devant moi et il me dit, je ne plaisante pas, je te jure, il me dit... ». Cependant, elle tente de revenir à un trafic conversationnel un peu plus convention-nel avec son révéré patron, saint patron des enqui-quineurs et empêcheurs de tourner en rond -pas mal trouvée cette expression, faudra que je la dise à Célia-:

« Monsieur F. ? » : Sous-entendu : « Que me vaut cette déclaration de non-amour de si bon matin ? Hormis le plaisir ineffable de vous voir, vous et votre... cra-vate. Je me suis d'ailleurs toujours demandée si c'était votre maman qui les choisissait pour vous.. ? » Intérieurement, elle meurt d'envie de cette petite joute verbale qu'elle tait, respect, révérence et étiquette obligent, mais tu ne perds rien pour attendre, mon cher.

Lui répète, fixement, placide : « Je ne vous aime pas, Madame K. » Droit dans ses chaussures et dans son assurance triomphante, face au silence de l'interlocutrice visée.

Elle pense : « Je sais que nos avis divergent sur de nombreux points, mais concernant ce dernier, rassurez-vous Roland, nous n'avons jamais autant été sur la même longueur d'onde. Et je vous assure, c'est tout à fait réciproque. Mais vous avez peut-être autre chose à me dire..? »

Cependant, elle sait bien qu'elle ne peut pas lui dire ça, que cela ne ferait qu'envenimer leur relation déjà très fil de rasoir. Rasoir, surtout.

Devant le silence muet et sidéré de cette enquiquineuse, il se délecte, savoure son désarroi, puis se plaît à éclaircir le mystère, en prestidigitateur expert. « Je vous dis ça, madame K. parce que je viens de vous envoyer par erreur un texto qui était en fait destiné à ma femme. Et vous verrez que je suis particulièrement tendre avec mon épouse puisque je termine mon message par « Je t'aime ma chérie. » »

Elle ne peut réprimer un léger sourire moqueur, qui s'esquisse très brièvement alors qu'elle pense : « Eh bien, y'en a qui ont de la chance ! ».

Elle ne sait pas s'il a perçu l'accent d'ironie incrédule qui a traversé un instant son regard sans qu'elle puisse

le réprimer, toujours est-il qu'il s'éloigne en lançant sur en ton appuyé et avec un plaisir non dissimulé :
« Je ne vous aime pas, Madame K ! » Le tout accompagné d'un sourire franc, un peu cruel. Puis il continue sa route, de son pas droit et énergique, imperturbable.

Elle le regarde partir avec une légère amertume et un mépris pour ces costards engoncés qu'il se sent obligé de porter pour se maintenir dans son rôle de dirigeant énergique. C'est ce qui l'agace le plus chez lui : cette capacité à préserver les convenances et les apparences cordiales, tout faisant transparaître habilement toute l'animosité qui l'anime. Surtout à son égard à elle.

Elle le regarde s'éloigner, lui et son attitude bravache qui cache certainement une faiblesse qu'elle se complaît d'ignorer pour mieux pouvoir le détester cordialement, et elle pense : « Décidément, non, je ne vous aime pas, Roland. »

VENT D'HIVER

Il a esquissé quelques arabesques de la pointe du pied sur le sol gelé. Il ne dit rien. La moindre parole l'aurait écorché, fracturé.

Il met ses mains en poings dans ses poches et hausse les épaules pour s'enfoncer un peu plus sous l'épaisseur de la laine amie.

Elle tente un regard sous le bonnet tibétain qui lui plaque sa franche brune sur son front blanc. Elle se concentre sur la vapeur qui sort de sa bouche en volutes de cristaux craquelés. Et ne dit rien.

Il regarde ses boots où ses pieds sont légèrement meurtris par l'emprise du courant glacé. Il faudrait rentrer ; maintenant...

Enfin elle pense qu'elle aurait dû libérer sa longue chevelure d'or pour s'en emmitoufler. Aurait dû. C'est beau des cheveux en désordre dans le vent sec d'hiver.

Il devrait dire, quelque chose, n'importe quoi, sauf ce qu'il devrait dire.
A certains moments les mots sont des cris muets dans

la gorge, qui pourraient, s'ils parvenaient à faire remuer nos lèvres, déclencher l'avalanche terrible, et forte et ultime. Il se tait. Il attend.

Elle se demande combien de temps s'est écoulé dans cette tourmente enneigée... Il serait peut-être temps..

Il regarde sa main rougie, à elle, qui fait contraste sur son manteau blanc immaculé. Il pourrait... Non.

« Il fait froid », ni une question, ni un constat, une phrase dans le vent d'hiver, sans écho, sans début, ni fin. Sans réponse.

Elle sourit en lançant un regard qui se veut complice et compréhensif ; elle ne sait pas qu'on peut y lire un soupir, une triste peine de l'âme gardée à l'abri du manteau polaire.

Elle se dit que c'est tout.
Dans un instant, il va disparaître, et l'immensité blanche sera encore plus aride.

A MOTS COUVERTS

« Je sais pas pourquoi ça n'a pas .. Je ne pensais pas que..

-Enfin, quand même : on savait tous..

-Ah, oui ? ..Non, tu veux dire que, même ..

-Aussi ! Bien-sûr, qu'est-ce que tu crois ? Tout le monde, je te dis !

-J'me doutais, mais à ce point-là.... Enfin, j'aurais pas cru...

-Mais tu rigoles ! Au premier coup d'oeil, je me suis jamais trompé là-dessus ; tu sais, ça me connais..

- Ben pour une nouvelle... Enfin, ça pourrait être pire...

-Et hier, alors ??

-GE-NIAL !

-Martin était pas trop...?

-Non. Non, non : ça allait.

-Et il...

-Oui, ça, tu parles, il était surpris ! La tête qu'il..

-Mais ça l'a pas trop ...

-Oh, tu penses ! J'avais pas fini de lui dire l'endroit..

-Ah, ben bien-sûr ! Il a dû être content, j'imagine. Et vous êtes partis ....?

-L'avion !

-Ah, et..

-Agréable, très agréable !... Mais je voulais te demander..

-Je t'écoute ;

-Tu penses que je devrais..

-Le dire ?

-Ou, je sais pas... Oui.

-Que tu...

-Oui. Oui,oui.

-Mais ça risque pas de..

-Si. Si, si .

-Et tu me demandes à moi, si.. Qu'est-ce que tu veux
que je te dise...

-...

-Mais t'étais pas contre au début ?

-Au début ; mais bon, je ne savais pas... et puis, la
théorie. C'est la théorie quoi..

-D'accord, mais de là à ..

-T'aurais fait quoi, toi ?

-.. Honnêtement, je sais pas si..

-Parce que selon toi ça vaut pas le coup de..

-Non, je ne sais pas. Enfin, c'est dèjà difficile à imaginer
comme situation. ... Je..; Enfin, j'y étais pas moi !

-Exactement, tu y étais pas ! A... A attendre, attendre
comme.. je trouve même pas le mot ! À pas savoir,
toute seule ! C'est même pas imaginable ! Des jours,
des jours, comme ça ! J'ai cru que..

-...

-Enfin, tu m'en veux de..

-Non, même pas. Mais ça me paraît si loin.. de toi. De
ce que je pensais que tu..

-Alors, pour toi j'étais juste ...

-Non, c'est pas ce que j'ai dit. Pour moi, t'as toujours été plus..

-Plus, ou moins ?

-Mais plus... Enfin, moins.. Je veux dire, enfin, mais c'est évident..

-Ah, bon, et par rapport à quoi ?

-A tout ! Dans la façon d'être, je sais pas, ta façon d'être...avec les autres..;

-Les autres, ben y'en pas beaucoup d'autres ! Je vois pas trop de quoi..

-Mais de ça, justement ! Tu dis toi-même qu' y'en a.. pas beaucoup. C'est ce que je voulais dire, et que se serait peut-être mieux, un temps...

-Oui, bien-sûr ! On dit qu'on commence, et après...

-Attends, je t'ai pas parlé d'aller jusqu'à..

-Heureusement ! Manquerait plus que..

-Que tu sois heureuse ?

-Ah, ah .. Très drôle.. J'ai l'impression qu'on se comprend de moins en moins.

-T'écoutes jamais ce que je dis.

-Mais tu ne dis rien : c'est moi qui te souffle la fin de tes phrases depuis toute à l'heure ! On dirait que tu ne sais jamais.. J'suis perdue à force !

-Ben, attends, tu viens de m'annoncer que..

-Tout de suite les grands mots !

-C'est pas important peut-être ?

-Si, mais faut pas exagérer. J'suis pas la seule..

-« J'suis pas la seule.. », mais tu te rends compte.. ?

-Pas une raison pour le crier comme ça ..

-A qui ? Y'a personne ici .

-C'est justement pour ça que..

-Attends. Tu veux dire que ça va recommencer ?!

-...

-Tout le bins, tout ça ?!

-...

-T'aurais pu au moins me demander si...

-T'aurais pas voulu.

-Bien-sûr que j'aurais pas..

-Tu vois.

-Alors pourquoi tu me parles d'un tas de choses dérisoires depuis toute à l'heure, si depuis le début, tu sais très bien que.!

-Parce que c'est toujours comme ça.

-Quand ? Où ? Pour qui ? Je connais pas ce type de loi, moi ! J'aurais jamais agi comme ça, en sens inverse !

-Ça, c'est ce que tu dis maintenant, mais on peut pas savoir en fait..

-Et tu sais mieux que moi, en fait, c'est ça ?

-...

-Bon, je vais devoir y aller. Maintenant

-Facile.

-.... Pardon ?

-Rien. Facile, de partir ; maintenant.

-Ok. ... Si tu veux, on peut se poser là-bas.. et calmement, on voit si..

-D'accord.

-C'est parti. Tu commences par le début, quand t'étais pas encore..

-Mais ça a commencé bien avant ! oulala !

-Ah, bon ?

-Oui, tu te rappelles quand j'étais ...

-Raconte-moi.

-Alors ça a commencé le jour où un matin, je me rappelle, y'avait du soleil, et là, Jacques m'a dit:
Tu devrais passer à la poste récupérer..

-Ah, oui ! Le fameux colis de Madagascar !

-Tu t'en rappelais ?!

-Héhé, ben oui, qu'est-ce que tu crois ?

-Ah.. Cool.

-...

-Jules..

-mmh ?

-J'aime bien discuter avec toi.

-Tu veux rire ?!

-..

-Moi aussi. Avec toi ; et alors continue : t'es allée cherché le colis du taré, et alors...?

-Alors, c'est en arrivant que s'est produit l'irréparable...

-A ce point ?

-Attends, attends, tu connais pas la suite ! Je vais te dire.. »

CHANGEMENT

C'est dans l'air
Un timide renouveau
Les gens se regardent à nouveau
Les gens se parlent à nouveau
Ensemble existe enfin
Ensemble a du sens
Ensemble, confiance
Moins de peurs, moins d'agressivité
Se regarder, se croiser
Se voir, se parler
Frère humain
Compagnon de transbord
Au gré de nos routes entremêlées
Je ne sais pas ta vie,
Je ne connais pas tes errances
Du moment
Ni tes espérances
Mais puisqu'on se croise
Puisqu'un instant on partage
Le même espace

Welcome, salut camarade
Et bonne route
Les sourires entre inconnus
Et familiers pourtant
Sont précieux
Ne soyons plus étrangers
La plus grande distance
Est celle qui se teinte d'indifférence
Puisque tu existes, puisque j'existe
Puisqu'un moment, on partage
Le même présent éphémère
Pourquoi s'ignorer ?
Plutôt se reconnaître
Se créer un espace commun,
Un espace humain
Le temps d'un regard
D'un sourire
Sans ironie
Sans peur
Juste la reconnaissance
Et la confiance
Frère humain
Se saluer
Discrètement
Sans sous-entendus
Et si la séduction s'invite
Pourquoi pas ?
C'est juste un welcome
Tu en fais ce que tu veux
Mais c'est dans l'air
Les gens se regardent

Sans animosité
Les gens se parlent un peu plus
Un peu plus
Ensemble existe enfin
C'est dans l'air
Calme
Tout s'apaise
Si on s'aimait un peu mieux ?
Si on osait, s'aimer
Un peu mieux ?
Il n'y a pas de petit geste
Pour abolir la solitude
Et l'enfermement
Je ne peux rien pour changer ta vie
Mais juste un échange paisible
c'est un peu de chaleur humaine
pour continuer
se remettre en route
un sourire en bandoulière
prêt pour le quotidien
rehaussé d'un regard
pour combattre la vie qui s'use
à force d'absence et d'indifférence
pour combattre l'insalubre misère sordide
de nos villes fantômes
il y a des regards qui relèvent
des sourires qui aident
qui allègent un peu le poids
de nos existences incertaines
de nos doutes intrinsèques
de nos peurs qui emmurent

Si seulement,
On pouvait
Compter un peu les pour les autres
Les uns sur les autres
Solidarités silencieuses
Des frères humains
Embarqués dans leurs vies
Respectives
Bon vent camarade
Respect
Bienveillance
Et peut-être
Qu'ensemble enfin va exister
A nouveau
Franc et fraternel
Parce que seul est si difficile
Si aride
Sans un regard de toi
Toi le passant
Toi le croisé
Toi le compagnon d'un instant
Frère humain
C'est dans l'air,
C'est dans l'air,
camarade !
Bien-sûr la violence existe
Bien-sûr la bêtise gratuite ravage
Bien-sûr il y a la haine
Mais on les aura,
Parce qu'on est plus nombreux
Parce qu'on est plus forts

Des milliers, des millions
D'âmes silencieuses
Et bienveillantes
à croire que la gentillesse
n'est pas une faiblesse
et que le respect
nous redonnera
de la dignité
Frère humain
On les aura
Les cons ne sont pas si nombreux
Et on sera là,
Les uns pour les autres
Où qu'on soit,
On se reconnaîtra,
A travers tous ces autres
Au cœur semblable
Simplement
Frère humain
C'est dans l'air
Un timide renouveau
Pour qu'ensemble existe à nouveau
Plus serein

DANS LES LIVRES

Quand elle était montée dans le wagon, elle ne se doutait pas, bien sûr : comment aurait-elle pu savoir ? Elle vit, et vivre c'est être, sans savoir ce que chaque acte implique. La question est de savoir si quelqu'un le sait pour vous.

Elle a levé de ses bras blancs, impropres au bronzage, la lourde valise, choses, breloques inutiles qui aident à vivre, bagages, qu'on transporte sans trop savoir pourquoi, qu'on traîne, poids des choses, des souvenirs.. preuves de vie.
Elle était en sueur, août pesait sur ses muscles las. Elle avait les cheveux luisants de fatigue et de flegme. Le short de randonneur lui boudinait les cuisses, toiles rêche qui irrite, et elle est nue, sans maquillage ou autre masque servant à se faire valoir, aimer, regarder, susciter un je ne sais quoi d'attention.

Aujourd'hui, elle se fichait de plaire, fatiguée de jouer l'enjouée, fine, belle et rebelle.
Il l'a tout de suite trouvée .... pourtant, -il n'a pas su

immédiatement quel adjectif employer-. Mais qu'importe : il l'a vue, et « vue » signifie déjà plus que cela. Et ça suffit.

L'histoire est bouclée, les lignes tracées. Il ne peut plus alors descendre du wagon comme si de rien n'était, car tout tient dans ces trois mots : il l'a vue. Le lien est là : chacun le voit, il est palpable, évident, transparent. Ils ne se connaissent pas, mais ils sont irrémédiablement liés par le regard des autres qui savent tout le poids de ces mots : « il l'a vue », connexion mise à nu. Il va forcément se passer quelque chose. Car se voir, c'est exister l'un pour l'autre, c'est se parler, se comprendre et s'aimer peut-être.

Dans les livres.

SCARLETT O'HARA

Bien sûr, vous connaissez Scarlett O'Hara, et l'histoire de ses amours. Non ? Je vous en résume l'intrigue amoureuse en deux mots : Scarlett est une jeune fille capricieuse et ombrageuse. Comme elle a un caractère fougueux et très affirmé, elle est en toute logique tombée amoureuse du placide, tranquille et réfléchi Ashley. Le fait qu'il s'apprête à se marier n'empêche en rien Scarlett de lui déclarer sa flamme avec la fougue qui la caractérise. Bien sûr il la repousse.

Elle exprime alors sa frustration immense en brisant un vase avec fracas.Ce geste, cet emportement, vont attirer l'attention, amuser, séduire, le charismatique Rhett Butler, dont le caractère s'accommoderait fort bien des emportements de Miss O'Hara.

Mais tout cela, vous le pressentez car vous êtes un lecteur attentif. Scarlett, elle, ne le voit pas, aux prises qu'elle est avec la complexité de ses émotions contradictoires. Scarlett, elle, restera à jamais éprise de l'inaccessible Ashley, inéluctablement, elle restera envoûtée par cette chimère d'une histoire possible avec cet homme si différent. Peut-être que si ces deux protagonistes avaient échangé avec plus d'authenticité sur leurs ressentis, dans ce salon où elle lui a jeté ses sentiments à la figure, peut-être qu'alors Scarlett aurait pu mettre fin à cette idéalisation illusoire qui la porte vers Ashley. Peut-être.

Essayons de réécrire l'histoire.

Voici l'échange qui aurait pu tout faire basculer, autrement, parce que parfois ça tient à si peu de choses : ce qu'on choisit de dire ou de ne pas dire, de taire ou de déterrer...

Ashley : Je vais épouser Mélanie... J'aime Mélanie. Scarlett, vous êtes jeune, vous allez être -vous êtes- une femme, je veux dire, vous avez une force en vous, une force, qui peut plus que vous ne le croyez. Ne pensez plus à moi, je vous ennuierais plus rapidement que vous ne pouvez l'imaginer ; le monde vous attend, le monde est à vous..

Scarlett : Que m'importe le monde quand c'est vous que j'aime !

A : Regardez, ils sont tous subjugués, ils n'attendent que vous. Vivez, Scarlett, vivez.. Et ne pensez pas à moi, faîtes vivre ce feu en vous ; moi, je vais m'enterrer dans la solitude morne qui me convient, vous ne seriez pas heureuse. Scarlett... dans quelques années peut-être, nous reparlerons de tout cela, et nous en rirons ensemble. Parce cela ne mérite au fond pas mieux qu'un sourire.

S : JE.. JE vous déteste ! Vous vous moquez !!

A : Vous êtes jeune, la vie, et ses surprises vous attendent, vous allez vivre, et je ne serai pour vous qu'un lointain souvenir, l'ombre de l'émoi d'un cœur neuf à l'amour. Vous verrez, vous sourirez en repensant à ce vieux radoteur d'Ashley et vous regarderez avec tendresse l'emportement pur dans lequel vous êtes plongée aujourd'hui. Sachez que je ne le méprise pas, je comprends la détresse de votre cœur, et je suis touché de cet élan qui le porte si vivement...

S : Vous ne savez rien du tout ! Vous croyez comprendre, vous ne comprenez rien ! Vous n'êtes que phrases plates et convenues, vous ne ressentez rien ! Vous raisonnez pour vous donner le beau rôle. Vous êtes incapable d'émotion, même votre amour pour elle, puisque vous prétendez l'aimer,-vous osez prétendre et maintenir que vous l'aimez ?-, eh bien même cet amour est plat et insipide, et gris et morne !

A : Mais je l'aime. Et c'est ma façon d'aimer, je ne peux aimer autrement. Vous voyez que cela ne vous conviendrait pas. Nous ne pouvons nous comprendre Scarlett : vous resteriez pour moi une étrangère fascinante, et mon absence de réaction vous irriterait constamment. Une vie vous attend, elle sera belle, j'en suis sûr. Votre chemin sera beau.

S : Je m'en fiche, vous pouvez bien parler ! ; je n'ai plus envie, je ne veux plus.. La vie m'est insupportable ! Je n'ai pas de vie. Je vivais pour des songes, ils sont envolés...

A : Je suis désolé... Je ne peux rien pour soulager cette peine. Seulement vous dire que j'ai beaucoup d'affection pour vous, et que je vous souhaite le meilleur... Sincèrement.

S : Vous vous en fichez bien, tout ce que vous voulez c'est retourner à votre bonheur convenu, et peu importe le reste !

A : Non, pas du tout, non. Ce n'est pas ce que j'ai dit, encore moins ce que je pense. Simplement, je ne vous aime pas. Pas comme vous voudriez l'entendre. J'en suis désolé.

S : Je ne vous crois pas. Vous mentez ! Je sais que vous mentez, et vous le savez aussi ! Vos yeux, ce regard, tout à l'heure, dans l'escalier... Vous vous mentez, pour jouer au respectable, à l'irréprochable, mais vous n'êtes même pas sincère avec vous-même. Je... J'ai bien vu, je sais.

A : Vu quoi ? Le regard qu'un homme pose sur une femme qu'il trouve attirante ? Vous êtes belle, vous ne le savez que trop peut-être, vous êtes femme, je veux dire, et si j'ai pu avoir ce regard, je regrette qu'il vous ait fait entrevoir quelque chose. Mais Scarlett, vous connaissez assez les hommes pour savoir que ces regards n'ont que peu à voir avec les sentiments..

S : ... Et vous, vous... me dîtes ça, à moi ?! Que vous me désirez, mais que vous ne m'aimez pas, que c'est aussi simple que ça et que

A : Oui, c'est aussi simple, je vous le dis à nouveau : je ne vous aime pas, et ce que je vous demande de prendre en compte. Car c'est vrai.

Ecoutez-moi : vous aurez toujours pour moi l'aura d'une figure pleine de vie. La vie, qu'est-ce que je sais de la vie, moi, enferré de livres mornes, et pétri dans cette apathie contemplative qui paralyse le moindre esprit de décision ? Vous resterez pour moi cette inaccessible étincelle de vie qui me fascinera toujours, et dont le spectacle nous ravit, nous autres, les méditatifs, les posés, les demi-morts qui vivront à moitié. Vous serez celle qui incarne la vie, les sentiments, l'élan avec fougue et passion. Celle sans qui on ne peut vivre, mais avec qui on ne peut pas vivre non plus.

S : Taisez-vous !

A : Même votre colère, Scarlett... j'envie votre colère. Si vous saviez, comme j'aimerais avoir un peu de ce feu qui vous fait vous indigner, trépigner...

S : C'est faux,..si vous vouliez vraiment, vous pourriez, nous pourrions...

A : C'est impossible. Et surtout je ne le veux pas.

CE SOIR C'EST MOI QUI FAIT LA FILLE

Ce soir c'est moi qui fait la fille
Ce soir je me drape de rimmel
Et de mystère
Ce soir je serai chagrine ou charmeuse
Caprice ou maître-chanteuse
Au gré de l'inspiration du moment
Ce soir c'est moi qui fait la fille
Celle qui vit au creux des vagues ascendantes
Au fil de ces états d'âmes abyssaux
Qui te déconcertent tellement
que tu voudrais
La protéger
Ta frêle, fragile et fébrile
Petite fille de porcelaine
La préserver de
Ce lot de lubies tellement étrangères,
Que tu pressens sans les comprendre
Et que tu redoutes,
Tempêtes imprévisibles

Ce soir, c'est moi qui fait la fille
Je serai incandescente
Je serai enjouée, fine et enjôleuse,
Je serai talons aiguilles, mutine
Espiègle, amusée, provocante,
Et vexations incompréhensibles
Qui t'alarmeront
Je serai larme puis abeille
Qui minaude
Sur ses talons
Je ferai semblant de t'en vouloir
Pour quelque chose que tu ne sauras pas
Je jouerai l'incomprise, je jouerai l'excédée
Je verrai dans ton regard un peu de désarroi
Mais ce sont là je crois,
les conditions de nos amours
Puisqu'on ne sait que s'aimer maladroitement
Et qu'à la fin, on ne sait pas trop comment s'y prendre
pour s'aimer mieux

Alors, ce soir, ce soir c'est moi qui fait la fille
La fière, l'attachiante,
Celle qui t'échappe
Qui te semble parfois si loin, si loin de toi
Que tu as envie de l'aimer
Je feindrai l'ignorance
Puis te piquerai d'une remarque intelligente
Pour te déconcerter un peu
et faire vaciller ton cœur toujours incertain
Je ferai semblant d'être un peu vexée

Je t'en voudrai un peu
Mais ne me demande pas pourquoi
Moi-même je ne le saurai pas
Je jouerai à la fille
La déconcertante
L'évanescente
La chagrine
La capricieuse aux mille exigences
L'intrigante
Au mystère irréductible
-ah les faux mystères fabriqués de toute pièce
Pour le prix d'un regard un peu plus concerné..-
Celle que tu auras envie de protéger
Celle qui t'enrôlera autour de son petit doigt
Et tu aimeras essayer de satisfaire
Les vœux
De cette princesse impérieuse
Je ferai la tête pour quelque chose que tu n'auras pas
dit
Ou parce que tu ne l'auras pas dit avec les mots que
j'attends
Les filles, on se donne tellement, émotionnellement,
affectivement
Qu'on attend,
Un retour, un écho, un peu d'amour,
Et forcément,
Quoi que tu dises, quoi que tu fasses, ce n'est jamais,
jamais assez
Jamais.
Alors on se venge un peu,
en douce,

Par des remarques assassines
des piques imprévisibles
Des bouderies incompréhensibles
Des vexations sordides
Et tu auras beau t'interroger, tu ne trouveras
Pas le motif
La cause
Le pourquoi
La raison rationnelle
Car tout cela vous échappe
A vous, les pragmatiques
Les concrets
Les abonnés absents aux appels d'amour perdu :
Car tout ce qu'on veut c'est juste
Un peu d'amour vivant en retour.
Et c'est peu triste
Mais quand je te boude
Au moins tu t'intéresses à moi,
Soudain apeuré à l'idée d'avoir fauté,
D'avoir manqué.
Sache que ce n'est pas à moi que tu fais défaut,
C'est à ton amour pour moi que tu as manqué.
Mais tu ne le sais pas
et tu ne sauras pas que c'est précisément cela qui me
chagrine :
Moi, je suis absolument fidèle à mon amour pour toi,
C'est la prunelle de mes yeux
C'est la flamme secrète mais essentielle
Que j'honore de tout mon cœur
C'est ma source vive et mon feu sacré
Mais je suis femme, tu es homme

On n'aime pas pareil, paraît-il,
On aime différemment.
Puisque les mots trahissent,
Les mots sont des mensonges
Alors dis-moi juste
Dis-moi que tu m'aimes
Je le croirai
Je le croirai
Et pour mettre fin à cette bouderie
Devant ton incompréhension inquiète,
Et ton désarroi muet
je te pardonnerai,
-on est bonnes joueuses, au jeu de l'amour on pardonne toujours -
Alors réconciliés
Sauvés d'un désaccord imparfait
heureux d'être en paix,
Fourmillants de joie
A la lueur de cet amour fragile
Et préservé
on regardera un dvd
Un film qui fait peur
L'un contre l'autre,
Dans notre îlot de présence tiède,
Tout proches
Et bien-sûr j'aurai un peu plus peur que de raison
Juste pour pouvoir me blottir contre toi
Et voler un peu d'amour
En fraude,
En catimini,
Puisqu'on se donne toujours maladroitement

Et tu aimeras te sentir protecteur,
Tu me serreras un peu
pour rassurer la craintive
Qui en profitera
Pour voler un peu de tendresse au passage
Et dans ce malentendu légèrement pathétique
on sera bien
un îlot de quiétude
Toi le protecteur rassuré de l'être
Moi et ma soif de chaleur apaisée
Pour un moment
Pourquoi a-t-on tant de mal à s'aimer ?

Bon, ce soir, c'est moi qui fait la fille
Préparez vos mouchoirs
Sortez les cotillons
C'est un drame, que dis-je une tragédie, une jolie comédie
que je jouerai,
Pour que tu m'aimes,
Pour que tu m'aimes un peu
Je serai surprenante, changeante, imprévisible
Puisque tu m'aimes déconcertante
Et qu'enfin tu aimes être un peu déconcerté
Juste un peu, ne t'inquiète pas, c'est un savant dosage
Que je connais par cœur
C'est ma façon à moi
D'obtenir ma rançon d'amour, alors
Ce soir je me drape de rimmel
Et de mystère
Je serai chagrine ou charmeuse

Caprice ou maître-chanteuse
Au gré de l'inspiration du moment
Je serai celle que tu attends,
Et aussi tellement celle que tu n'attends pas
Pour aviver un peu d'amour maladroit,
A la lueur de nos malentendus
D'hommes-femmes au cœur malhabile
Ce soir, c'est moi, c'est moi qui fait la fille...

J'aurai changé de coiffure, mais tu ne diras rien
Tu me demanderas si l'URSSAF a appelé
Et ne comprendras pourquoi je répondrai sur un ton
glacé
Tu me voudras tendre
Mais je ne le verrai pas
Tu seras content de nous voir réunis
Et j'aurai envie d'être vexante
Tu me diras les mots
Les mêmes que la dernière fois
Pourquoi a-t-on tant de mal à s'accorder ?
Ne parlons plus
Les mots sont trompeurs
Juste, prenons le temps de nous sentir vivants ensem-
ble
Le temps de nous regarder un peu
Nous regarder vraiment
Entendre avec les yeux et le cœur
Eux te diront
Que je t'aime
Que je t'aime encore
en corps

et en cœur.

TOUS LIÉS

« C'est super ce que tu as fait !

- Tu parles, ça ne va pas changer la face du monde, encore un dossier qui va atterrir dans je ne sais qu'elle étagère où il moisira gentiment avec une centaine d'autres écrits inutiles et jamais parcourus, pour grossir le champ de la paperasse vaine, et rester dans l'oubli indifférent...
- Peut-être, et peut-être pas...
- Peut-être qu'il ne moisira pas, mais pourrira, c'est ce que tu veux dire ?
- Non, je pensais... Quand tu es allée le faire relier, quel âge avait le type qui s'en est occupé ?
- Le type de Copyshop ? Laisse tomber : vraiment pas ton style. Sa naissance a dû se produire au Jurassique, et encore, je ne suis pas sûre que le carbone 14 permette de remonter assez loin pour la dater.
- Eh bien, imaginons que ce type qui t'a vue hier ait été charmé par ton sourire enthousiaste et ta conversation mordante.
- Tu veux rire ?!
- Attends, attends : avec ton ardeur à trav-

ailler, et ta jeunesse, imaginons, qu'il se soit dit qu'il y avait encore des jeunes qui en veulent et qui bossent dans ce vaste monde, et ça aura un peu re- doré le portrait caricatural qu'il se fait des jeunes. Et puis tout ça le fait penser à sa petite fille, qu'il n'a pas vue depuis six mois : ils se sont brouillés quand elle a changé d'orientation et qu'il lui a re- proché d'en faire le moins possible, comme tous ces jeunes qui ne savent plus ce que travailler veut dire, et qui attendent que les cailles leur tombent toutes cuites dans le bec. Elle avait répliqué qu'il était bien placé pour en parler, lui qui avait touché sa retraite à cinquante ans et qui avait profité du système comme personne, et elle était partie. Et ce soir, le grand-père a envie d'appeler sa petite fille, et ce soir justement, il le fait. Julia est surprise, mais elle se sent un peu seule en ce moment, et ils parlent longuement, il lui dit qu'il a réagi bêtement, et qu'il a fait appel à de vieux clichés, alors elle lui dit ses doutes et ses inquiétudes, et il l'écoute vraiment, et ça lui fait du bien de se sentir soutenue et écoutée. Il lui dit qu'il comprend, que c'est dur, mais qu'il lui fait confiance, qu'il a confiance en elle, et qu'elle peut aussi compter sur lui. Il ajoute qu'il trouve qu'elle est très jolie. Jolie ? On ne lui avait jamais dit. Elle n'y croit pas trop, mais elle le garde en elle comme une douce promesse.

Le lendemain, Julia qui n'en porte jamais décide de mettre une robe, parce qu'elle se sent un peu con- fiante, et parce qu'aujourd'hui, elle en a envie. Dans l'ascenseur, Jérémy du troisième étage, lui fait un compliment accompagné d'un petit sourire solaire, et ça fait pétiller un peu sa journée. En cours, quand la prof demande un volontaire pour l'exposé sur le colonialisme, elle se manifeste immédiatement, sans réfléchir, sous le regard agréablement surpris de Madame Constantin.

A la sortie du bahut, David qui est en cours avec elle depuis deux ans, la remarque pour la première fois, se dit qu'elle est vraiment jolie, tout en se demandant pourquoi il ne l'avait pas vu avant. C'est juste qu'avant elle faisait tout pour exister le moins possible, et qu'aujourd'hui elle se permet d'exister un peu. Il lui propose de venir à la prochaine soirée organisée par la fac. Habituellement elle aurait décliné, mais aujourd'hui est un autre jour, et elle se surprend à dire oui avec plaisir. Un vrai Oui. Et ils parlent guitare. Julia indique à David le nom d'un magasin où son frère a l'habitude de se fournir en matériel et qui est réputé pour sa qualité.

David s'y rend sans tarder et il y rencontre Bruno, qui se révèle être tout comme lui passionné par le solo de Sandro dans Cry the Mountain, et ensemble, ils improvisent des riffs cadencés, et Bruno lui confie qu'il fait partie d'un groupe justement à la recherche d'un second guitariste et qu'il va parler de David aux membres des Cobalt Blue. Quand il passe à la boulangerie, David est enthousiaste, il se sent au cœur les ailes de plein de projets, et c'est avec un sourire franc qu'il lance un « Au revoir » à la vendeuse en emportant les tartelettes framboises et citron.

Anna retient ses traits lumineux, mais surtout la phrase signée Woody Allen qui tatoue son T-shirt : « Je ne suis pas toujours de mon avis. ». Elle se dit qu'elle saura quoi répliquer la prochaine fois que cette punaise de collègue de Mireille aura à cœur de la mettre face à ses contradictions. Et puis elle repense au visage du jeune homme, à cette joie qui transparaissait dans la porte entrebâillée, elle se dit qu'elle aimerait bien figer ce type d'instants à jamais, et ça lui rappelle un vieux désir enfoui qu'elle n'a jamais osé laisser s'exprimer : celui de faire de la photographie.

Le soir, elle rentre et elle s'empare de l'appareil familial et décide de se lancer. Elle veut de l'authentique, du vécu, et elle va photographier son mari au travail dans son atelier. Henri, se sent flatté qu'elle s'intéresse à lui ainsi qu'à son travail, lui qui ne se sent pas beaucoup valorisé dans sa profession. Elle lui dit son envie de faire de la photo et il l'encourage dans cette voie. Ce soir-là, ils font l'amour passionnément et décident d'avoir un troisième enfant.

Voilà... Et ainsi de suite : tout part de rien, et un petit rien peu changer beaucoup.

- L'effet papillon, je connais.. C'est joli tout ça, mais tu ne crois pas que c'est un peu trop « guimauve et barbe à papa », ton truc ? On se croirait au pays des bisounours.

- Que de bons sentiments ! c'est vrai. Mais je crois vraiment que le positif amène le positif, qu'il suffit que quelqu'un donne un peu, pour qu'une cascade d'événements positifs se produisent à petite et grande échelle. On ne sait jamais quel sera l'effet, alors, je pense qu'il vaut mieux le dire, quand on pense quelque chose de positif : ça peut mine de rien changer beaucoup de choses, comme ces files de dominos, il suffit d'une impulsion, d'une pichenette, et le mouvement est amorcé.

- Et tout s'écroule.

- Tout entre en mouvement et tout interagit, plutôt. Avec un sourire, gratuit, tu illumines la journée de quelqu'un, tu redonnes un peu d'humanité au trajet sinistre dans le métro, tu redonnes un peu de substance à celui qui se croyait transparent, tu donnes de l'espoir à ceux qui avaient envie d'être pessimistes, et -qui sait ?-, ça charme peut-être ton voisin sur la banquette... Juste un sourire, et tout repart vers plus de vie. C'est pas grand chose et ça vaut le coup.

- De toute façon je crois que les bonheurs sont plutôt bon marché : un bon bouquin, un plat partagé, un peu de chaleur humaine, la sensation agréable du soleil, des regards qui se comprennent.

- Et des amis qui te bassinent avec leurs utopies..

- Ça pour bassiner..! Mais tant que je fais partie de leurs utopies -je fais partie de ton utopie ?-

- Tu ES la preuve que les utopies peuvent être en partie réalisées.

- Bon alors, on y va ?

- Quoi ?

- Mordre la vie, courir la vie, vivre quoi !

- A nous deux la vie.

- Tu l'as dit bouffi !

-       Bouffi toi-même, hé, salami ! » Et elle
l'assomme un peu de la masse des cent- cinquante
pages fraîchement imprimées :

« Et tu crois que c'est positif, ça, un attentat au papier ?!

-       Ça dépend de quel point de vue...

-       Celui du papier froissé ou celui de mes neurones
endoloris ?

-       Du poids des mots ! » et elles rient.

Et elle rient.

Dehors, sur le trottoir, un passant entend des rires
envolés et francs s'échapper par la fenêtre ouverte, et
ça le fait sourire doucement...

Tiens, et s'il allait acheter un bouquet pour Cor-
alie ?

No ending...

HARMONIE

Elle sourit derrière ses lunettes de soleil.

A cet instant, elle était apaisée : en osmose avec le souffle qui faisait gondoler ses boucles blondes encore humides dans sa nuque, en accord avec la douceur des derniers rayons de soleil qui diffusaient sur sa peau la lancinante caresse d'une onction apaisante, en symbiose avec l'ondulation enjouée de l'eau filtrée de lumière chahutant avec le battement nonchalant de ses jambes.

Ses yeux se levèrent sur le ciel découvert de cette fin de journée ; elle était revigorée, pleine d'une sereine énergie ; elle se vit en tant qu'elle : elle ne céda pas au défilé d'images rocambolesques, des rêves inassouvis, des chimères au summum de l'improbable irréalité, tel le héros qui voit souffler sur sa vie le vent d'un épique destin. Elle prit conscience à la fois de l'insignifiance et de l'importance de son existence : elle était un élément infime parmi les nombreuses pièces d'un tableau, et pourtant sa présence pouvait œuvrer à le magnifier.

A ce moment d'harmonie, elle n'avait plus peur, elle se sentit pleine de vie. Une énergie positive naviguait entre elle et les alentours les plus lointains, elle eut la sensation qu'ils ne formaient qu'un seul tout, oscillant selon un même rythme : celui de la vie qui fourmille.

ANNEXE : AVANT L'AMOUR…

Petites pistes et réflexions pour se préparer à vivre un amour

ETAPE 1 : attirer une relation amoureuse épanouissante c'est cultiver un état d'esprit

Parce que la relation amoureuse n'existe peut-être que si on se prépare à le vivre, vivre l'amour est avant tout une disposition d'esprit où :

1) J'accepte de considérer que je peux apporter quelque chose à quelqu'un dans une relation.

2) J'accepte que l'autre ne soit pas parfait et ne colle pas avec mes attentes innombrables. Et tant mieux ! C'est la richesse d'une relation : composer avec les défauts de l'autre et les miens. On aime aussi les autres pour leurs défauts et non pas malgré eux. Si c'est l'autre que j'aime : je prends le package total.

3) J'accepte de ne pas être parfait pour l'autre, donc de ne pas correspondre à toutes ses attentes. Et je renonce à vouloir l'être : l'exigence de perfection n'est pas vivable, et ce n'est pas ce que recherchent chez nous les gens qui nous aiment.

4) J'accepte d'être maladroit, de me tromper. Je me donne le droit à l'erreur (= le droit de vivre)

Car c'est en vivant, en se confrontant à la réalité qu'on apprend qui on est vraiment, et qu'on peut agir sur soi pour changer. Les erreurs, mieux vaut les vivre que ne pas en vivre du tout.

5) J'accepte de me lancer, même au risque de faire souffrir

l'autre et de me faire souffrir. Pourquoi ? Parce que j'ai besoin de me mettre en quête de la réalisation de mon besoin de tendresse, d'attention, de réciprocité complice si intime. J'accepte de me mettre en quête de la réalisation de ce besoin d'affection, d'attention, d'amour, de tendresse.

J'accepte donc que l'amour soit motivé par un nécessaire égoïsme. Je dois commencer par reconnaître que j'ai besoin d'affection et envie de relations plus intimes. Et une fois ces aspirations reconnues, et assumées je pourrai aspirer à les réaliser.

6) J'accepte de faire de la place pour quelqu'un dans ma vie. Je crée un espace nécessaire pour accueillir l'autre (espace physique, espace dans la tête surtout, espace dans le cœur fondamentalement et aussi du temps ! Tout ce qui dure se construit avec le temps, si on zappe la dimension du temps, il nous rattrape.).

7) Je me libère de mes alliances passées : pour s'allier avec quelqu'un il faut être délié. Délié d'une précédente relation. Délié de ressentiment. Délié d'attentes impossibles, délié de colère vis-à-vis de l'autre sexe, de constructions parfois inconscientes qui ferment à la réalité d'une personne, d'un ici et d'un maintenant.

8) J'accepte d'être moi face à l'autre. De rester moi et non pas de tout accepter de façon inconditionnelle (pas intéressant pour l'autre, et perte de soi). J'accepte de me reposer sur l'autre, de lui faire assez confiance pour être moi. Je lui fais confiance dans son indulgence pour mes débuts balbutiés et dans sa capacité à me recevoir, à savoir parfois aussi se protéger de moi, pour me permettre d'être moi entièrement, sans entraves. Tout en étant attentif à l'autre : j'entends et écoute ses envies, ses avis, je les prends en compte et de me définis par rapport à eux.

9) J'accepte de me dévoiler à l'autre, avec failles, faiblesses, côtés sombres et fous, défauts. J'accepte de ne pas toujours lui plaire, j'accepte que certaines choses en moi l'agacent, lui déplaisent. (Respect pour l'autre, ses envies, ses aspir-

ations, ses rêves, ses limites, ses peurs. Je peux les entendre et je les prends en compte. Respect aussi pour moi, mes rêves, mes limites, mes peurs...)

J'accepte de m'engager dans la réalité, d'avoir un impact sur l'autre, d'exister pour lui, que mes paroles, mes actes ont une répercussion sur lui (donc je les réfléchis), et je les assume. J'accepte d'avoir des « comptes à rendre » à l'autre. D'avoir un devoir de cohérence envers lui. Nécessaire pour communiquer et donc construire quelque chose.

10) J'accepte d'être aimé, qu'on tienne à moi. J'accepte que l'autre ne soit pas indifférent. J'accepte d'avoir un rôle dans sa vie et j'ai conscience que j'ai de l'importance pour lui, et j'agis en conséquence.

11) J'accepte que l'autre ait de l'importance pour moi. J'accepte de dépendre un peu de lui. De devoir m'en remettre à lui, qu'il dispose d'une part de moi. Ou plutôt qu'il dispose d'un bout de la relation, indépendamment de moi (et tant mieux : sinon ce n'est pas une relation, mais une prise de contrôle permanent. Même si inconsciemment, on cherche parfois à contrôler les choses, plus la relation est libre, moins on plaque de choses sur elle, plus elle est susceptible de vivre sa vie, d'être authentique et de nous enrichir. Il faut être ouvert et renoncer à certaines attentes.)

12) J'accepte de vivre : de ne pas contrôler, mais juste d'être moi et de voir comment se passe la vie.

13) J'accepte que l'autre soit et reste Autre, avec des envies, des attentes différentes des miennes. J'accepte qu'on soit deux, et que je ne puisse pas penser à la place de l'autre. (communication essentielle). Richesse et surprise de découvrir qu'irrémédiablement l'autre est Autre, avec un autre système de référence, un autre vécu, d'autres conceptions. J'aime l'altérité irréductible de l'Autre, souvent étonnante, qui m'amène à prendre conscience de mes propres particularités.

14) J'accepte de ne pas être « tout » pour l'autre (heureusement), mais un élément parmi d'autres dans sa vie. J'accepte que l'autre ne soit pas « tout » pour moi (heureusement).

Je vis en dehors de l'autre, et ça participe à nourrir notre relation.

15) J'accepte que ce ne soit pas « pour toujours », qu'il n'y ait pas d'enjeux absolus. J'accepte le présent dans ses incertitudes et son indétermination : il n'est que ce qu'on en fera. Je vis une relation (mouvante, évolutive, complexe). Et non pas un lien figé (ça n'existe pas : les liens figés sont faux, sont des mensonges, des murs pour ne pas voir l'autre dans sa réalité, ni soi. Une tentative de totalité qui ne s'accorde pas avec la réalité, qui triche avec elle.). J'accepte de renoncer à l'absolu prévu, pour la réalité imprévue et toute aussi exaltante.

Et ça ne m'empêche pas de croire à l'amour éternel, voire même de le vivre et de m'engager. J'ai conscience de la fragilité de la relation et donc, je m'investis pour qu'elle reste une relation stable, harmonieuse. Il n'appartient qu'à moi de prendre soin de la relation et de la faire durer. Et l'autre alors ? De toute façon, je ne maîtrise que mon « bout » de la relation ; j'en prends soin. Je dois accepter que l'autre dispose du sien, je ne peux savoir en permanence où il en est, alors je dois me lancer, proposer des choses, et prendre en compte les réactions de l'autre. Si, de mon côté, je peux parfois être sûr d'aimer amoureusement l'autre toujours (je peux le croire en toute sincérité, mais tout le monde évolue et change, et je ne suis pas à l'abri de changer et l'autre aussi va nécessairement changer : l'important est peut-être d'arriver à maintenir un dialogue, une interaction positive en dépit des changements de chacun, une interaction qui s'adapte constamment à ces changements et respecte l'un et l'autre membre du couple ; la croyance dans la durée de l'amour est nécessaire pour la relation, mais n'est vraie que dans l'instant, et elle se renouvelle d'instants en instants, avec l'autre, et c'est ce renouvellement qui est merveilleux. Le renouvellement permanent de cette certitude : « je veux t'aimer », est merveilleux.), cela ne m'assure pas que l'autre va également m'aimer. C'est le risque de la relation, le risque d'être deux, le risque de ne pas tout maîtriser. J'accepte ce risque. (Nécessité de faire confiance à l'autre et à ses sentiments, et aussi de donner sans garantie d'un retour.).

16) J'accepte que l'amour naît progressivement, par la connaissance, la découverte progressive de l'autre.

17) J'accepte de prendre des risques. J'accepte de vivre l'état d'amoureux, le tumulte d'angoisse, l'idéalisation solitaire, les rêves tendres et de tenter de les concrétiser, sans forcément qu'il y ait au final un amour partagé. J'accepte que ces tourments ne sont « que » mon ressenti solitaire, et qu'ils peuvent être totalement déconnectés de la réalité d'une relation. J'ai conscience de ça, de l'aspect un peu vain de ce ressenti solitaire, et je décide d'arrêter de rêver ; car si les rêves sont beaux, ils sont aussi douloureux, puisque coupés du réel. Souffrance pour rien.

18) J'accepte le rôle de l'amoureuse (pas maman, ni copine...), d'aller à la rencontre de cette facette de moi, et de l'assumer aux yeux des autres et aux miens.

19) J'accepte de renoncer aux rêves pour la réalité, d'être ouverte aux surprises du réel. J'accepte de vivre, de renoncer à l'idéal qui me ferme au monde, et me maintient dans l'illusion qu'il existe un mieux AILLEURS. Or, ailleurs n'existe peut-être que dans ma tête. Je me lance à l'épreuve du réel. Dans la réalité d'une relation, complexe et indéterminée. **Puisque la réalité a un grand mérite : ELLE EXISTE. Nier la réalité serait de la folie pure : on se construit dans le réel. Plus tôt la confrontation avec la réalité intervient plus je vis, plus je m'enrichis, plus j'évolue. Donc, ça vaut le coup de tenter la relation, d'aller au bout de nos possibles ensemble, de les explorer, de tester. Pour voir, pour vivre, pour partager, pour se dire à 102 ans, avec un tendre sourire espiègle, dans un rocking-chair : on a vécu ça ensemble, ça n'a peut-être pas duré, mais c'était beau et j'ai aimé, et c'était chouette de pouvoir déjà aller au bout des possibles de la relation entre nous. C'est du vécu, c'est toujours une victoire sur la mort irrémédiable et la solitude fantôme.**

20) J'accepte que les mots sont trop tranchants, trop définis

par rapport à la réalité : ils sont trop clairs pour la transmettre fidèlement. J'accepte que la réalité soit floue, complexe, et j'accepte ne pas essayer de la cloisonner dans des mots qui risquent de l'étouffer, de la trahir, de ne pas coller à elle. Donc, j'accepte de vivre sans chercher à tout cloisonner dans des définitions : les sentiments sont trop complexes : l'essentiel est d'être présent aux autres et de partager des moments avec eux, d'entrer en relation, en contact, de vivre sans tout cloisonner dans des mots trop simples. Etre au monde, avec authenticité. Vivre et renoncer à tout définir, renoncer aux cadres pour ne pas tuer la relation en l'enfermant dans une case qui risque de tricher avec elle, et d'étouffer ses possibles. **La relation est unique, elle s'ajuste à nos possibilités d'êtres humains uniques et limités, elle est parfaite dans le sens où elle est définie par qui nous sommes à cet instant T, s'adapte aux limites de nos êtres à l'instant T, et est susceptible d'évoluer au rythme où on évolue. A partir du moment où elle est définie par des normes extérieures, on perd en authenticité, en spontanéité.** Il faudra nécessairement clarifier, se dire avec authenticité.

21) J'accepte donc de prendre le temps de me connaître assez pour pouvoir réaliser cette relation spéciale qui demande beaucoup de qualités humaines.

22)   Surtout, j'accepte de vivre la réalité d'une relation sans projeter sans cesse. J'accepte d'aller à la rencontre des autres sans attente. Laisser la relation se nourrir, lui laisser le temps et l'espace de se développer, d'évoluer, de nous apprivoiser, pour, peut-être, déboucher sur une belle histoire d'amour, si on a l'envie et la force d'en construire une.

23)   Je laisse l'initiative à la vie, je laisse de la place à l'autre. Je dis Oui à ce qui m'arrive, j'apprends à être moi, à être un moi conscient et stable... Et on verra. (L'amour n'est pas quelque chose que la vie me doit : si je veux le vivre, je dois évoluer, changer, travailler sur moi, pour être à la hauteur de ce que j'attends. Pour pouvoir vivre librement dans

l'ouverture à l'autre et l'accueil.)

... Alors, il n'y a plus qu'à vivre... Et à cultiver l'amour de soi, bienveillant.

ETAPE 2 : quelques réflexions diverses :

➤   Admiration =/= dévotion ;
Les groupies n'intéressent personne et effraient, font peser sur l'autre le poids d'une admiration qui le dépasse et peut le gêner. Relation non-équilibrée, trop passionnée : trop d'enjeux pesants. La relation de la groupie à son égérie n'est pas de l'amour, mais un absolu désir de l'amour. On évite l'autre en en faisant un objet de passion sanctifié. Pas sain, pas viable. Surtout, ça laisse trop peu d'espace à l'autre, et la réciprocité n'est pas possible.

Se donner =/= s'oublier ; se donner = se donner soi. (mais pour se donner, il faut déjà s'appartenir...)

La passion n'est pas de l'amour. La passion est un rêve qui n'est pas compatible avec la vie. La passion n'est pas vivable (ou est nécessairement temporaire : un truc fou, coupé de tout). N'existe que dans les rêves sans prise avec le réel où dans de fulgurances courtes et intenses dont on sort souvent meurtri ou déçu.
La fulgurance du « Tu me plais » réciproque est rare : c'est le tourbillon génial du « coup de foudre » ; en général, il faut tout construire, même si une curiosité et une attirance (physique, affective, ou spirituelle... une attirance quelle qu'elle soit) semblent nécessaires pour commencer, établir un contact (sinon c'est mal barré : mieux vaut se tourner vers ailleurs).

➤   Trouver la bonne distance :
Si les deux membres du couple sont les piliers qui soutiennent un temple, pour que ce temple puisse tenir debout sans s'écrouler, il

faut une certaine distance entre les deux piliers. Indépendance nécessaire = interaction meilleure.

➤ En amour, je n'ai pas de chance.

Quels que soient mes rêves et aspirations, aussi beaux et élevés soient-ils, la vie est toujours juste. Elle est juste car elle m'amène (avec violence parfois) à qui je suis. Elle m'amène à vivre ce que j'ai à vivre pour grandir, pour évoluer et ainsi être en mesure de réaliser mes aspirations. La rencontre avec la réalité de soi est inévitable. Elle peut être terrifiante, mais tout ce qui nous fait souffrir est un appel à accepter ce qui est, pour s'ouvrir davantage à l'amour de ce qui est et donc à l'amour de soi tel, que je suis. Toute souffrance est un appel à s'aimer davantage, à se célébrer, davantage, à travailler quelque chose pour se libérer davantage. Ces « pas de chance », sont les étapes, les passages à franchir pour devenir cet être à la hauteur de ses aspirations. Quelles leçons, quelles clarifications puis-je tirer de ces expériences difficiles et douloureuses ? Que viennent-elles chercher en moi, titiller en moi pour me faire faire le prochain pas ? Comment puis-je me témoigner davantage d'amour et de bienveillance ? Quel compagnon suis-je pour moi-même ?

➤ La relation amoureuse et l'état amoureux sot deux choses différentes :

Amour (relation entre deux personnes) =/= l'état d'amoureux (tourments et angoisses solitaires, souvent beaux, nobles et élevés, exaltés, mais un peu coupés de l'autre ; ressenti solitaire).

L'amour = le renouvellement de l'état d'amoureux au fil de la découverte de l'autre, de l'épreuve de sa réalité : le renouvellement du « tu me plais », motivé par plus de réalité. L'Amour = retomber amoureux de la réalité de l'autre à chaque instant ?

La personne que j'aime = celle avec qui j'ai envie d'approfondir mon état d'amoureux, avec qui j'ai envie d'aller au-delà de mon état d'amoureux, de le dépasser pour la réalité. Avec qui je désire approfondir la relation, parce que je pressens que sa réalité sera supérieure et plus riche que mes élans intérieurs solitaires.

Et peu importe au final la nature de la relation : c'est l'autre qui m'intéresse, que j'ai envie de découvrir, en laissant la relation se définir d'elle-même, évoluer, prendre une direction au fil des interactions.

Se lancer = faire confiance à son élan pour partir à la découverte de l'autre.

On peut croire qu'on vit une relation d'amour avec quelqu'un, alors que ce n'est pas le cas ; on peut très bien passer à côté de l'amour, tout en étant persuadé qu'on le vit. Comment définir l'amour ?

On parle beaucoup d'amour (livres, films, couples, but de vie, contes de fées, chansons... Cependant, ce sont avant tout des histoires, où il y a beaucoup de passion, beaucoup de sentiments, mais où il y a peu de relations d'amour véritable. Peut-être que de même que les gens heureux n'ont pas d'histoire, de même, la vraie relation d'amour n'est pas intéressante à raconter : elle se vit, c'est un état, une disponibilité qui brille en silence, avec la pudeur des attachements sincères.).

Elle est rare la vraie relation d'amour. Peut-être qu'elle ne s'affiche pas comme telle, n'est pas conforme à l'image qu'on se fait de l'amour. Beaucoup croient que l'amour c'est souffrir. D'autres pensent au contraire que c'est un nirvana fusionnel sans faux accords, ni désaccords. Je pense que l'état d'amoureux, exalté, ballotté d'espoirs en incertitudes, en quête éperdue de signes d'affection, est douloureux (parfois délicieusement douloureux, car je peux aimer cet état intense), mais l'amour, la vraie relation amoureuse entre deux êtres conscients et en paix avec eux-mêmes doit sûrement être légèreté, magique complicité, stabilité, harmonie, bien-être ensemble **tout en étant accompagnée dans son évolution de mises au point sont inévitables, nécessaires pour ajuster les choses et ne pas tricher. Ces moments peuvent être douloureux, car on se rend alors compte des limites de l'autre, de ses propres limites, de la difficulté à s'ajuster, de la difficulté à communiquer, du décalage normal et irréductible qui existe entre soi et l'autre. Mais ces phases** d'ajustement, s'ils sont vécus avec authenticité et vulnérabilité et bienveillance, sont des tremplins de transformation et d'évolution.

Parfois bouleversants, ils mettent au jour la nécessité de ne pas se focaliser entièrement sur la relation amoureuse, de ne pas en faire le centre de sa vie, on risque d'avoir trop mal, d'être trop déçu et en prime de le faire payer plus ou moins consciemment à l'autre qui n'y peut rien. Il est qui il est ; je suis qui je suis ; différents pour le meilleur du partage et le pire de l'exil. Il faut accorder de l'importance aux autres domaines de la vie, pour que les enjeux autour de la relation amoureuse ne soient pas étouffants, que la relation soit plus légère et non pas parasitée par des attentes faramineuses et des exigences impossibles. Si on trouve le bon équilibre, alors, être attentif à l'autre ne me demande pas d'effort. Quand être près de toi me suffit. Quand je peux vivre sans toi mais adore te retrouver. Si l'amour est un poids, une souffrance, ce n'est pas (plus) de l'amour. On est alors au-delà ou en –deçà de l'amour... Mais comme tout évolue, on peut passer par plusieurs phases qui alternent : harmonie, simplicité, mise au point, complexité.... C'est un long chemin d'accéder au monde de l'autre. Il faut persévérer, laisser à la relation le temps de trouver son rythme, son tempo, de s'ajuster à nos instruments. Et considérer les crises comme des occasions d'évoluer, d'ajuster, de grandir ensemble.

Et tout le monde parle d'amour, tout le temps : ceux qui le cherchent, ceux qui croient l'avoir trouvé et l'ont peut-être effectivement trouvé, ceux qui tentent de le décortiquer, de l'analyser, ceux qui sont malheureux, ceux qui y rêvent, ceux qui l'idéalisent, ceux qui attendent, ceux qui disent y avoir renoncé, ceux qui le vivent, ceux qui enchaînent les conquêtes... L'amour est le concept qui a le plus de succès, le plus de force, qui est dans le plus de devises, et en même temps, sa définition reste très vague, même si tout le monde en cultive une idée... Tout le monde est prêt pour un amour. Tout le monde rêve d'une histoire. Tout le monde désire l'amour. Mais dans la réalité, c'est beaucoup plus compliqué : on a tous des barrières face à l'amour : pour certains il est difficile de recevoir, d'être aimé, pour d'autres l'amour rime avec égoïsme ; et on est très peu disposé à aimer parfois, tellement fermé.. Comme si on avait peur de donner trop d'amour, comme si on devait le donner avec parcimonie ou se préserver pour autre chose, ou quelqu'un d'autre, autre part, ailleurs, sait-on jamais... Combien rêvent d'amour ? Mais combien sont prêts à aimer réellement, aimer l'autre, faire le pas, franchir le seuil, aimer l'autre véritablement, avec lucidité, et l'envie de donner malgré tout ? RARE... (Qu'est-ce qu'un ami ? quelqu'un qui vous connaît bien et qui vous aime quand même. Phrase très juste, encore plus valable en amour !) Arriver à un état d'accueil, d'ouverture, de tolérance dans le présent du présent est rare et se cultive... Savoir donner, savoir recevoir... Sans attentes, sans projeter. Tout un chemin.

Tout le monde a un besoin d'amour, du moins un besoin d'affection. Et tout le monde s'imagine avoir le droit à son histoire belle, grande... Alors que si peu de gens vivent vraiment l'amour. (Faut-il dénigrer toutes ces relations qui passent à côté de l'amour ? Non !! Ce sont des expériences nécessaires pour évoluer, mieux se connaître, mieux connaître ses attentes en tant qu'amoureux. Et beaucoup de relations échouent à vivre l'amour amoureux, mais sont enrichissantes. C'est la vie. Vivre c'est expérimenter. L'important c'est d'y avoir cru sincèrement, d'avoir vécu avec sincérité, d'avoir fait un chemin avec l'autre, d'aller au bout de la relation, de ce qu'elle peut donner avec nos possibles limités d'êtres humains un peu craintifs et en évolution. Tant qu'on ne s'est pas menti, tout va bien. Toute relation comprend l'imprévu : je ne peux pas savoir, avoir la certitude avant de le vivre que ça fonctionnera. Donc : se lancer au risque de passer à côté de l'amour, voire même au risque de le rencontrer !)

Le problème : il y a tant de choses derrière l'amour, plein de voeux enfouis, d'histoires, de désirs, d'attentes, de blessures de l'enfance, d'imaginaire, qui pèsent sur cette relation si spéciale... Mais le vivre doit plutôt être synonyme de légèreté, de communion, d'ouverture surtout. **L'amour est toujours transgressif : il** bouleverse nos repères, il nous transforme. Accepter de vivre un amour, c'est accepter d'être transformé, en profondeur. C'est une des expériences les plus riches qu'on peut vivre. L'amour invite à aller au-delà de soi, à dépasser les limites et les contours de son soi. De façon inévitable. C'est toujours une surprise et une découverte. Les repères sont bouleversés. Peut-être que c'est ça l'amour : l'évidence de la simplicité, et en même temps, toute la complexité et les difficultés d'une relation si intime à l'autre.

ETAPE 3 : Attention aux pièges

➤   Piège 1 :
Il y a des gens à éviter et qui peuvent se révéler être une véritable malédiction (manipulateurs, mauvaise foi, toujours dans le négatif ou l'agressivité, toxicos... Fuir, fuir, fuir !) Et ne jamais se laisser rabaisser ou dénigrer.

Qui j'aime n'est pas forcément « compatible » pour une relation d'amour amoureux. Je peux désirer qui ne sera pas forcément bénéfique à mon épanouissement. Parfois je choisis des personnes qui ne sont pas aptes à me rendre heureuse. Me méfier de mes propres aspirations, de mes tours pervers, qui m'incitent à ne pas rechercher mon bonheur.

➤   Piège 2 :
La fausse question de la « bonne personne » : Est-ce que c'est Lui ? Le seul, l'unique ? The only one ! On aime fantasmer sur l'amour ultime. On aime la certitude du « C'est Lui ! ».
Je pense qu'une fois que tout se passe bien avec l'autre, je peux penser rétrospectivement que « c'est Lui qui me convient et pas un autre ». Mais je pense que j'aurais pu penser la même chose d'un autre. Je pense qu'il n'y a pas d'unique. Il n'y a que des rencontres qui fonctionnent bien ou moins bien, mais il existe plein de gens avec qui je pourrais entretenir une bonne relation. C'est ce qu'on construit ensemble qui est unique et nous appartient. Je

peux dire : je n'ai cette relation spéciale et épanouissante et intime avec personne d'autre. Mais se serait triste de penser qu'il existe une seule et unique personne qui m'est destinée, et triste de vivre en se disant qu'on passe peut-être à côté de cet unique. En fait, c'est moi et l'autre qui faisons de notre relation quelque chose d'unique. Et donc qui nous nous rendons uniques l'un pour l'autre.

Mais ça demande quoi qu'il en soit des efforts : un travail d'accueil, d'acceptation, de communication. (Il faut pas mal de maturité, une bonne connaissance de soi aussi, de la confiance aussi : aimer est un chemin, on apprend le long de la route à aimer, et l'autre m'apprend à l'aimer, on apprend à s'aimer ensemble, en se heurtant un peu forcément. Voilà pourquoi c'est aussi bouleversant : dans une histoire d'amour j'investis les couches les plus profondes de ma personnalité, le meilleur comme le pire, les peurs archaïques, les réflexes un peu trop bien ancrés, je prends conscience de mes limites aussi, ce n'est pas toujours agréable... Donc c'est toujours perturbant, très riche forcément aussi. Il faut être assez stable pour ne pas être malheureux ou se laisser déstabiliser : les moments de houle sont nécessaires. Il faut accepter de bouleverser ses repères, de se laisser un peu chambouler par l'Univers de l'autre. Et puis c'est aussi à l'Autre qu'on a envie de donner le meilleur de soi, on se découvre d'ailleurs des dispositions ignorées jusque-là. Voilà pourquoi toute relation amoureuse, dans un lien aussi fort à l'autre est toujours profondément marquante.)

Grandir c'est accepter d'être aimé pour les bonnes raisons. (Françoise Hardy)
L'amour c'est l'infini à la portée des caniches. (Céline)
L'amour, c'est regarder à deux dans la même direction (St Exupéry)

L'amour se vit dans une interaction avec l'autre. Tenter de le définir, c'est peut-être déjà se fermer un peu à la réalité et la juger,

l'estimer, et donc la réduire à qch qu'elle n'est pas.... A creuser....
En fait, l'amour est partout. C'est juste la relation qui est plus ou
moins profonde ou intime.

En fait, la relation amoureuse est simple, c'est tout ce qu'on pro-
jette sur elle, ce qu'on s'imagine qui complique tout. C'est juste
un « être présent à l'autre », qui existe ou pas dans ma relation à
l'autre, mais qui est déjà là, sans qu'on se pose même la question.
Et qu'on peut choisir après de transformer en relation amoureuse
ou pas ; quoi qu'il en soit, l'amour est déjà là. Il se vit dans ma
relation à l'autre et n'a pas besoin de s'afficher, de se définir : c'est
dans « l'être ensemble » qu'il existe.

> L'amour est un mouvement d'ouverture.

**L'amour amoureux est une vibration particulière qui accélère
mon cœur, et fait surgir le meilleur en moi, les aspects les plus
tendres, les aspirations les plus douces, et aussi les désirs de
partage, physiques, spirituels, émotionnels. PB : l'autre étant
Autre, cela ne correspondra pas forcément à ses besoins : la
communication est donc essentielle ! Et l'Autre doit aussi être
conscient que je ne peux pas combler ses besoins ; je ne dois
d'ailleurs pas essayer de le faire, sinon big big big problème,
impasse, reproches, incompréhension ! C'est à chaque personne
de s'occuper d'elle-même et de prendre en charge ses propres
besoins (Comment ? Tout simplement en les reconnaissant et en
les communiquant. Un besoin n'a pas forcément besoin d'être
satisfait mais il a besoin d'être entendu, reçu.) Comme ça la
relation à deux est plus légère, moins pesante, moins source
d'insatisfaction : elle devient un plus, un bonus dans l'existence de chaque personne qui sait se prendre en charge et qui
donc n'attendra pas tout de l'autre (d'où l'avantage d'être capable
d'être célibataire, capable de se prendre en charge ; pour vivre
une relation de couple plus saine ensuite). La relation amoureuse devient alors un bonus, un plus retentissant, exaltant : on
est tellement plus fort quand on se sent et se sait aimé !**

ETAPE 4 : En guise de conclusion :

Vivre, se confronter au réel pour évoluer, grandir, apprendre à m'aimer et à aimer. Le chemin de l'amour est long et lent. La route est parfois difficile, mais c'est une des plus belles aventures humaines.

Au final : peut-être que TOUT est une question de moment et de distance à trouver...

Bref, assez pensé : let's live, let's try, let's share, let's love to grow up !!!

Aime la vie, cultive la joie et essaie l'amour de temps en temps. Ça vaut le coup.

L'amour est un lâcher-prise, un abandon à la relation dans la réalité, avec juste pour guide la confiance dans les sentiments qu'on éprouve. It's a gift.

MERCI,

Merci à ma famille, pour votre amour, votre présence douce, votre soutien ; je vous aime très fort.

Merci à toi qui est à mes côtés, et patiemment m'encourage ; je t'aime de tout mon cœur. Merci pour ton regard.

Merci aux amies et amis, pour leurs encouragements, leurs soutiens chaleureux, leurs lectures dans la jungle des symboles.
Merci pour votre curiosité.

Merci à tous ceux et celles qui œuvrent pour que chacun ouvre la voie à sa créativité, à sa liberté, à sa libre expression, afin d'être authentique. Puisque que nous sommes les créateurs de nos vies et que celles-ci façonnent le présent et le futur : merci à tous les créateurs quotidiens que nous sommes.

Merci aux femmes et hommes inspirants, connus ou méconnus, qui osent.

Merci à l'énergie de vie.

A PROPOS DE L'AUTEUR

Originaire du Doubs, Audrey Pavlovic est actuellement établie en Haute-Savoie où les grands espaces nourrissent son monde intérieur et où l'amour fait battre son cœur.

Fidèle à l'écriture depuis l'enfance, elle aime cultiver le rire, la danse, le dessin, la guitare et des tomates bio.

Trois de ses textes apparaissent dans la revue annuelle « Pierre d'Encre », consacrée à la poésie et publiée par l'association « Le Temps des rêves ».

Elle est aussi l'auteur de « Brumes d'été », un recueil qui invite à l'évasion au fil des mots, dans des paysages aux atmosphères variées et sensibles.

Printed in Great Britain
by Amazon

52060282R00097